电子商务类专业
创新型人才培养系列教材

U0725280

第 2 版
★
微课版

电商文案策划
与视觉营销实战

周南 冯静 / 主编

人民邮电出版社
北 京

图书在版编目（CIP）数据

电商文案策划与视觉营销实战：微课版 / 周南，冯静主编. -- 2版. -- 北京：人民邮电出版社，2022.8
电子商务类专业创新型人才培养系列教材
ISBN 978-7-115-59700-7

Ⅰ. ①电… Ⅱ. ①周… ②冯… Ⅲ. ①电子商务—策划—写作—教材②网络营销—教材 Ⅳ. ①F713.36
②H152.3

中国版本图书馆CIP数据核字(2022)第118521号

内 容 提 要

　　在竞争激烈的电子商务行业中，做好文案策划与视觉营销是商家获得竞争优势的关键。本书共 9 章，内容包括初识电商文案与视觉营销、电商文案的策划与写作、视觉营销策略的布局、视觉营销中的文案文字与图片设计、店铺首页文案与视觉营销设计、商品详情页文案与视觉营销设计、广告活动文案与视觉营销设计、移动端店铺视觉营销设计、电商品牌文案与视觉营销设计案例剖析等。

　　本书内容新颖，图文并茂，案例丰富，不仅适合作为职业院校电子商务、市场营销等专业相关课程的教材，也适合网店店主、电商文案策划人员、视觉营销人员等电商从业者学习参考。

◆ 主　　编　周　南　冯　静
　　责任编辑　楼雪樵
　　责任印制　王　郁　马振武
◆ 人民邮电出版社出版发行　　北京市丰台区成寿寺路 11 号
　　邮编　100164　　电子邮件　315@ptpress.com.cn
　　网址　https://www.ptpress.com.cn
　　涿州市般润文化传播有限公司印刷
◆ 开本：700×1000　1/16
　　印张：12.75　　　　　　　　　　2022 年 8 月第 2 版
　　字数：286 千字　　　　　　　　2025 年 9 月河北第 5 次印刷

定价：56.00 元

读者服务热线：(010)81055256　印装质量热线：(010)81055316
反盗版热线：(010)81055315

FOREWORD

前 言

在电子商务领域，文案可以辅助视觉设计，解决电子商务的流量问题和转化问题。优秀的文案能够依靠卓越的文字表现力，戳到消费者的"痛点"，描绘出美好的产品形象，在短时间内吸引消费者的眼球，让他们产生强烈的购买欲望，这样不仅可以提升商品的价值，促进商品的销售，还可以提升消费者对店铺的信任度，增强品牌力。

电商文案既传承了传统文案的写作特点，又具有独特的写作手法。电商文案注重的是转化，创作的最终目的是销售商品，而不是追求词句的华丽，所以电商文案要简洁清晰，不兜圈子，直奔主题，用最容易理解的方式告诉消费者：这件商品是与你有关的，是你需要的，是你现在就应该购买的。因此，对电商文案的要求不是优美感人，也不是曲折动人，而是简单明快，先发制人。

在新媒体时代，只有能打动人心的电商文案还远远不够，具有吸引力的视觉设计更能引起消费者的关注，提升消费者对商品与品牌的好感度，成为促进成交的重要手段。视觉营销是立足于视觉设计之上，为达到营销目的而发展起来的一种营销方式，它通过视觉设计有效地转化内容，达到符合商品营销方向或品牌推广的目的。

本书系统介绍了电商文案的创作技巧与视觉营销的方法，将专业的理论知识与精彩案例完美结合，让读者能够紧跟时代步伐，不断丰富自己的文案创作思路，提高文案写作能力及营销能力。本书在第1版的基础上进行了全面升级，内容更加丰富，案例更加精彩，更符合当下市场的需求。

本书主要具有以下特色。

● **案例主导、学以致用**：本书收集了大量设计案例并进行了深入分析，告诉读者如何从营销的角度来看待这些文案和视觉设计案例，它们会给营销带来什么影响，读者可以在什么情况下借鉴这些设计手法，以实用效果带分析讲解，具有较强的实用价值。

● **重在实操、提升技能**：本书以电子商务行业应用为落脚点，对读者需要掌握的各种文案策划与视觉营销技能以案例的形式进行讲解。在制作过程中，编者根据多年实战经验，选择了比较简便易学的操作方法，让读者用最少的时间和精力策划出令人耳目一新的电商文案，设计出快速吸引消费者眼球的视觉营销效果。

● **配套微课、资源丰富：**扫描书中案例和课堂练习附近的二维码，即可观看案例操作的微课讲解视频。同时，本书还提供丰富的教学资源，包括PPT、案例素材、课程标准、教案、大纲、模拟试卷等。教师可以登录人邮教育社区（www.ryjiaoyu.com）下载并获取相关教学资源。

尽管我们在编写过程中力求准确、完善，但书中难免有疏漏与不足之处，恳请广大读者批评指正。

编　者
2022年5月

CONTENTS

目 录

第1章

初识电商文案与视觉营销

【学习目标】

- ➤ 了解优秀电商文案的特征。
- ➤ 掌握电商文案写作的基本流程。
- ➤ 掌握视觉营销的基本流程。
- ➤ 了解视觉营销的基本原则。

【素质目标】

- ➤ 弘扬以改革创新为核心的时代精神，与时俱进，开拓创新。
- ➤ 培养对国产品牌的民族自豪感，增进爱国情怀。

在电子商务运营中，文案是向消费者传达商品信息和店铺营销信息的重要工具，能帮助消费者快速了解商品的特点和店铺的营销活动规则；店铺的视觉设计是增强店铺中页面内容表现力和视觉冲击力的有力手段，具有营销力的文案与具有视觉冲击力的页面完美结合，才能让店铺更具营销力，更容易吸引消费者下单。

1.1 初识电商文案

在电子商务中，电商文案是网店商品信息的重要载体，承载着推广商品和品牌的重要责任。成功的电商文案能够很好地展现网店商品和品牌特点，树立品牌形象，彰显商品和品牌价值，激发消费者的购买欲，从而提高商品销量。

1.1.1 优秀电商文案的特征

广告文案是指为宣传商品而写下的打动消费者内心，进而激发消费者购买欲的文字，是广告内容的文字化表现，它通过描述商品的全部卖点，激发消费者的购买欲望，最终达成成交目标。与传统文案相比，电商文案的表现形式更具视觉冲击力，用语更加自由和时尚，可以在其中使用网络流行的新词、热词来吸引消费者的关注。

通常来说，优秀的电商文案具备以下 3 个特征。

1. 通俗易懂

通俗易懂是指电商文案简单通俗，让消费者一看就明白文案所要表达的意思。在很多情况下，越平实、朴素的文字，往往越有效。具体来说，通俗易懂的电商文案应该符合以下 3 点要求。

① 文案的语言表达规范完整，不存在语法错误。

② 语言描述准确，不存在容易引起歧义或误解的文字或表述。

③ 用词简单易懂，不使用生僻字词、过于专业化的词语，尽量不使用自己创造的字词。

图 1-1 所示为一款充电宝的部分商品详情页，文案中介绍充电宝容量可达 10000mAh 的特点时，没有使用专业术语，而是使用数字来说明，即该充电宝在自身充满电的情况下能为小米 11 充 1.5 次电，能为 Redmi K40 Pro 充 1.4 次电，能为 iPhone 13 充 1.9 次电，能为 Switch 充 1.1 次电。这种表述方式直白、浅显、易懂，消费者非常容易理解。

图1–1 充电宝商品详情页

2. 言简义丰

言简义丰就是尽量用较少的文字表达丰富的内涵。很多经典文案并没有华丽的辞藻，而是用词简约精彩，画面清爽干净。对于文案创作者来说，要想用简练的文字传达丰富的含义并不容易。创作者要想写出言简义丰的文案，就需要研读大量的资料，并进行反复思考、推敲，直至找到最佳的创意表达方式。

图 1-2 所示为一款手撕面包的部分商品详情页，文案仅用"诱人金黄酥皮 撕出浓郁麦香"12 个字就说明了面包的外表和口味特征，仅用"专用隧道式烤炉"7 个字就说明了面包使用的烘焙工艺，用词简单，意义丰富。

图1-2 手撕面包的商品详情页

3. 具有创意

创意是有创造性的独特想法，具有创意的文案更容易给人留下深刻的印象，并吸引人们广泛传播。创作者要想电商文案具有创意，关键是要摆脱惯性思维的束缚，能够运用全新的思维，从全新的角度去思考事物、解读事物和表达事物，而不是对某个观点老生常谈。

图1-3所示为一款桶装式梅子蜜饯的商品详情页，这款零食一桶中包含多种梅子蜜饯，文案中"成就一桶'梅'满"将"梅"字谐音"美"字，这种表达方式既体现了这款零食的特点，又用感性的方式表达了美好的祝愿，新颖又具有创意。

图1-3 梅子蜜饯的商品详情页

1.1.2 电商文案写作的基本流程

有些人在写作电商文案时，往往是将自己的商品或品牌资料套用在一些经典案例上，或者是漫无目的地搜集资料，然后进行写作，结果通常是事倍功半。其实电商文案写作有一些基本的流程，具体如下。

1. 明确写作目的

创作者首先要明确写作电商文案的目的，目的不同，文案的写作思路和文案的侧重点也就不同。

如果电商文案是为了促进商品销售，创作者在写作时就应该思考如何在文案中体现商品的优势，如何让消费者觉得商品的价值高于其他竞争对手商品的价值；如果电商文案是为了宣传品牌，创作者在写作时就应该思考如何让文案的风格与品牌整体风格或形象相符；如果电商文案是为了实施营销活动，创作者在写作时就应该思考如何彰显活动的价值，让活动具有吸引力。

2．确定写作主题

写作目的能为文案写作提供一个方向。如果没有明确的主题，文案就容易成为一盘散沙，让人无法找到重点，文案也就无法达到良好的效果。

写文案是为了向消费者传达商品、品牌的某种信息，这种信息就是文案的主题，如商品卖点、活动优惠、品牌理念等。在写电商文案时，创作者要有明确的写作主题，并让这个主题贯穿文案的始终，这样写出来的文案才会主题明确，更具表现力和吸引力。

3．选择表达方式

表达方式就是创作者选择用什么样的方式来表达文案的主题和具体内容。常见的文案表达方式有具象化、直白式和情感式。

（1）具象化

具象化是指在写作文案时将商品价值融入具体的使用场景中，通过具象化的场景描述向消费者展示商品的优势，让消费者更加直观地认识商品。这种表达方式的重点是站在消费者的角度思考问题，思考能够影响消费者感知的关键点是什么。

图1-4所示为一款体重秤的文案，在描述体重秤传感器感知精准的特点时，商家使用"**一杯水的重量也能精确感知**"为消费者营造了一个易于理解的生活化场景，能让消费者快速感知体重秤的优势。

（2）直白式

直白式是指在文案中用直白的表达方式说明商品的优势，用商品的核心竞争力彰显商品的竞争优势，给消费者树立"人无我有，人有我优"的形象。例如，格力空调的宣传文案"**格力，掌握核心科技**"，其中的"核心科技"就直白地体现了格力空调的优势。

（3）情感式

情感式是指创作者在文案中抒发易于激发消费者认同感的情感，或塑造远大的愿景或目标，引发消费者的共鸣，这种表达方式主要是从精神层面体现商品或服务的优势。图1-5所示为江小白的一款带有人生语录的商品，商家在商品详情文案中用"**生活没有那么多诗 但留心总有故事**"来引发消费者的共鸣，并彰显商品包装的特点。

图1-4　体重秤具象化文案

图1-5　江小白情感式文案

4．构思并完善内容

确定了文案的表达方式后，创作者就可以构思并完善文案内容，进入正式写作环节。在这个过程中，创作者需要把握好以下4个要点。

（1）文案内容：文案内容要清晰、准确，能很好地突出文案的写作目的和主题。

（2）文案结构：文案结构要合理，逻辑清晰，每个部分都以文案主题为核心来展开，各个部分之间的联系要紧密。

（3）文案风格：文案的行文风格要与商品、品牌的特点、风格和目标消费群体的特点相适应，符合目标消费群体的审美需求。

（4）写作技巧：创作者可以在文案中使用一定的写作技巧来提高文案的可读性，但是写作技巧的应用要适度，以免为了使用写作技巧而让文案无法准确、清晰地传达信息。

课堂练习：分析某品牌坚果列巴商品详情页的文案

图1-6所示为某品牌坚果列巴的部分商品详情页，请分析该详情页的特点。

图1-6　某品牌坚果列巴的部分商品详情页

在该商品的详情页中，商家分别从用料、口感、食用场景等不同的角度介绍了此款列巴的特点，并且在文案中重点强调此款列巴**"更符合国人饮食习惯"**，体现了列巴本土化的特点。

此外，每部分文案都先用简短的词语概括地说明列巴的特点，再用一句简短的话做进一步解释，文案内容简洁、易懂，层次分明。介绍了列巴的用料、口感后，商家又用具象化的方式介绍了列巴在不同场景中的食用方法，通过为消费者构建具体的使用场景展现列巴的价值。

1.2 初识电商视觉营销

视觉营销是电子商务运营不可缺少的营销手段，有利于提升网店的美观度，提升网店对消费者的吸引力，进而提高商品转化率，提高网店销售额。

1.2.1 视觉营销的概念

在网上购物的过程中，消费者接触不到商品实物，只能通过图像和文字判断商品是否符合自己的需求。因此，视觉营销在电子商务中的作用，就是通过色彩、图像、文字等形成的强烈冲击力来吸引消费者的眼球，吸引其点击进店，进而刺激其购物欲望，把流量转化为成交量。在视觉营销中，仅吸引消费者的眼球还不够，更重要的是要塑造网店的品牌形象，这样才能将流量转变为忠实流量。

在电商视觉营销中，视觉是手段，营销是目的，即视觉是以营销为目的和出发点的，营销则是通过各种视觉展现手段实现的。具体来说，电商视觉营销是将展示技术、视觉呈现技术与商品营销理论相结合，旨在通过增强消费者的视觉感受，进而促进商品销售的过程。

在电商视觉营销中,商家通过运用色彩、图像、文字、商品陈列等一系列视觉展示手段，向消费者传递商品信息、服务理念和品牌文化，从而打造出图1-7所示的有吸引力的"磁场"，最终达到促进商品销售、树立和提升品牌形象的目的。随着电子商务市场竞争越来越激烈，电商视觉营销将成为各种营销方式中的核心竞争力。

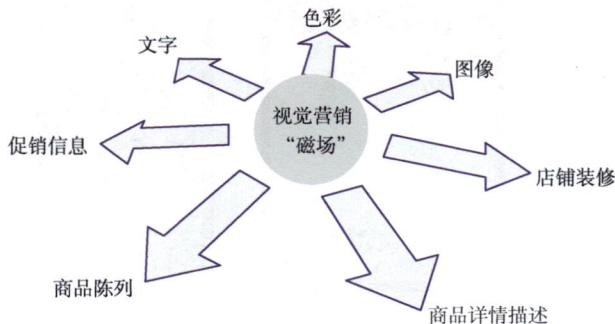

图1-7 视觉营销"磁场"

1.2.2 视觉营销的基本流程

视觉营销的主要目的是宣传与推广商品和品牌，提高商品销量，提升品牌认知度和影响力。一般来说，视觉营销的基本流程包括以下几个步骤。

1．分析目标消费群体的特点

商家可以利用电商平台提供的相关数据分析工具来定位网店的目标消费群体，分析目标消费群体的性别、年龄、地域、消费习惯、审美特点等，挖掘目标消费群体的需求。

2．确定视觉营销的项目

确定视觉营销的项目就是商家要确定是针对什么来实施视觉营销的，视觉营销的项目可以是网店日常装修、商品详情页设计、营销活动设计等。视觉营销的项目不同，视觉营销的侧重点也就有所不同。例如，在网店日常装修中，视觉营销的侧重点应该是树立品牌形象，向消费者传达品牌价值；在商品详情页设计中，视觉营销的侧重点应该是展示商品信息和卖点；在营销活动设计中，视觉营销的侧重点应该是活动的利益点，如折扣信息、优惠券信息等。

3．确定视觉营销项目的视觉点

视觉点是指在视觉营销中最容易吸引消费者关注的内容，或消费者浏览网店时最关注的内容，如优惠券信息、折扣信息、商品详情介绍、商品细节展示等。商家将视觉点与视觉呈现方法联系起来，就能快速与消费者建立沟通。

4．确定视觉风格

视觉风格即网店和商品页面的整体形象带给消费者的综合感受。商家根据目标消费群体的特点，结合网店商品的特点与运营策略制定视觉营销方案，确定视觉风格。例如，主营茶叶、瓷器的网店，其商品往往会与"文化""韵味"等词语产生联系，那么商家确定视觉风格时就可以向"文化""韵味"的方向靠拢，在视觉设计中添加与之相关的元素，如毛笔字体、云雾、花鸟、印花等。

5．确定最终视觉呈现方案

商家结合目标消费群体的特点、视觉营销的项目、视觉营销的视觉点，以及视觉风格，确定最终的视觉呈现方案。

例如，某网店的目标消费群体是消费水平较高、追求时尚潮流、注重商品品质的女性消费者，商家进行网店装修时，可以将视觉点体现在店招、商品图片上，如将店招设计得高端、大气一些，使用一些带有专业模特的商品图片等，以彰显品牌和商品的调性和价值；然后选择扁平化的视觉风格，并在页面中适当留白，以体现网店的气质和格调；最后再融入精练、简洁的文案，就可以形成网店首页最终的视觉呈现效果。

1.2.3 视觉营销的基本原则

商家实施视觉营销需要遵守一些基本原则，即目的性、审美性、统一性和易用性，这样才有助于实现视觉营销的成功。

1．目的性

目的性是商家实施视觉营销要遵守的首要原则。目的性原则分为两个层面，第一个层面是商家要明确店铺进行视觉营销的最终目的是销售商品。因此，商家进行视觉营销要做好营销策略制定和目标人群定位的工作。

商家首先要根据自身的条件和现状制定清晰的营销策略，然后根据店铺的营销策略和商品的市场定位确定目标人群的范围，再根据目标人群的社会层次、消费能力和消费习惯等确定店铺的视觉定位，最后有针对性地进行页面布局和图片设计工作，这样才能保证店铺的整体设计风格与目标人群的特征和喜好相吻合。

例如，销售高档男装的网店可以采用简洁的页面布局和构图方式，用简单的色调和成熟稳重的模特来彰显商品的档次和品位；销售时尚女装的店铺则可以采用活泼的页面布局、鲜明的色调、时尚青春的模特，以及足够醒目的利益点来吸引目标人群。

目的性的第二个层面是商家要明确视觉应用的作用。店铺的页面由不同类型的模块组成，模块的作用和目的不同，表现形式也就不同。例如，店铺招牌的作用是突出店铺名称，让消费者感受商品风格，引起潜在消费者的注意；商品促销海报的作用则是吸引眼球，突出商品的卖点和优势。商家只有了解网店中各种模块的作用和目的，才能设计出满足要求和具有吸引力的模块信息。

2．审美性

网店的页面设计看上去应美观、舒适。首先，合格的网店页面结构布局应符合人们的浏览习惯。因为人们从小养成了阅读习惯，大多数人是按照由左至右、自上而下的顺序浏览页面，这种浏览的视觉轨迹称作动线。

根据动线的理论，商家在设计页面布局时，将主推商品、导航和促销信息等重要元素放在页面左侧更能引起消费者的注意。商家还可以将均分法、黄金分割法等构图规律，以及色彩心理学原理等应用到页面布局和图片的设计中，利用这些视觉规律，不但可以让页面看起来更符合大众的审美观，同时配合一些细节设计，还可以对消费者产生视觉暗示和视觉引导的效果。

此外，为了抢占消费者的注意力和记忆力，避免视觉疲劳，网店页面还应具有易于识别的独特风格。例如，在图 1-8 所示的商品详情页中，该商品是一款传统风格的女装，整体色调素雅，场景为石桥，模特的动作端庄、优雅，整个图片具有审美性，且图片的风格与服装的风格高度契合，充分体现了商品的特点，在给消费者留下独特印象的同时让消费者对商品产生认同感。

图1-8 图片具有易于识别的独特风格

3．统一性

视觉营销的统一性是指网店视觉设计的风格要统一，这主要包括 4 个方面的内容：第一，店铺形象和商品定位统一，如销售日韩商品的店铺就应该使用日韩风的设计风格和模特，而不应该使用欧美风的设计风格和模特；第二，销售模块的风格统一，如页面中上一组模块是时尚、清新的风格，下一组模块也应该是这样的风格，而不能突然变成成熟、稳重的风格；第三，图片的尺寸规格统一，图片不能忽大忽小；第四，网店中字体风格和颜色保持统一，不宜随意变换，否则非但起不到美化页面的效果，还会让页面看起来杂乱无章。

提升网店形象最有效的方法是统一设计风格。商家在设计网店效果前，首先要做好基本设计元素的规范工作，这样既有利于打造网店的整体形象，又能为模块和其他元素的设计提供参考和依据。

4．易用性

易用性的核心是商家要充分考虑消费者的浏览习惯，在实施视觉营销时从消费者的角度来思考，让页面易懂、易用。如果消费者长期浏览某个店铺，便会习惯其结构和布局，一旦网店的结构和布局发生改变，消费者在短时间内很难做习惯上的调整。如果网店的页面布局和功能按钮的位置与消费者的浏览习惯不符，那么消费者不仅会感觉不适应，可能还会因为找不到需要的模块或商品类别而离开。

易用性主要体现在商品类目的划分、购物路径的设计和功能按钮的设置 3 个方面。

商品类目的划分层次不要过多，通常来说，商品类目按照商品的属性、风格和使用效果进行分类即可，新品和特价商品的分类应尽量靠前，类目之间最好有明显的区分。

在购物路径的设计上，要保证无论消费者浏览到页面的哪个部分，都能方便地进入下一个目标页面，并且能够快速返回到首页或页面的顶部。

在功能按钮的设置上，商家可以将客服按钮安排在页面最醒目的位置，方便消费者在产生疑问时可以随时咨询。在页面合适的位置安排搜索栏，方便消费者查找自己需要的商品，搜索栏上还可以设置关键词的提示。为了提高点击量，商家可以在主推商品的分类或商品图上利用按钮等方式暗示消费者点击。

课堂练习：分析某店铺首页视觉营销设计效果

图1-9所示为某店铺的首页，请对其视觉营销设计效果的特点进行简单分析。

该店铺主营家居电器，首页页面用色大气，与店铺主营商品风格相符，整个页面显得水平较高。在商品陈列区中，商家按照商品品类进行展示，先展示此类商品的使用场景，再展示此类商品的代表性商品，并在商品旁边用蓝色和红色模块说明该款商品的特点和优势，这有利于消费者对商品快速建立认知，为消费者选购商品提供极大的便利。

图1-9　某店铺首页

课后习题

1. 在淘宝网上搜索一款商品，并分析该款商品详情页的文案特点。
2. 在淘宝网上搜索一个店铺，并分析该店铺首页的视觉营销设计有什么特点。

第2章

电商文案的策划与写作

【学习目标】

➢ 掌握电商文案的经典写作方法。

➢ 掌握寻找电商文案写作切入点的方法。

➢ 掌握一句话文案、商品包装文案和评价及咨询回复文案的写作方法。

【素质目标】

➢ 培养创新思维能力，寻求创造性地解决问题的方法。

➢ 培养一丝不苟、精益求精、求真务实的职业态度。

很多引人深思的广告语往往是字字珠玑，它们往往是一句话能把意思表达清楚的，绝不用两句话；5个字能写好的，绝不用7个字来完成。著名广告人保罗·菲什洛克在谈文案的创作时说道："从现在起我就只写最少的字，用最简单、最明白，任何人都看得懂的文字创作文案。"文案只要抓住了商品的核心，再以简洁的文字突出核心，就更容易获得成功。

2.1 电商文案的经典写作方法

虽然说电商文案创作无定法，但对那些没有写作经验的文案创作新手来说，他们必须清楚一些文案创作方法，这样才不至于在写作时感觉无从下手。下面介绍 4 种经典的文案创作方法，即元素组合法、头脑风暴法、九宫格思考法和五步创意法，以让文案创作新手在写作时有章可循。

2.1.1 元素组合法

元素组合法是一种创意思维方法，具体来说，就是不同元素的组合常常能带来意想不到的创意。在进行文案创作时，元素组合法要求文案创作者根据文案的主题目标，先随机写一些关键词（元素），然后把这些关键词与商品或服务进行联想，看看它们能否搭配出一些全新的创意。图 2-1 所示为元素组合法的创作公式，在下图空格处填写元素及元素组合后的新创意想法。

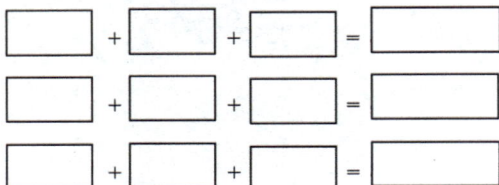

图2-1 元素组合法的创作公式

例如，某糖果公司要撰写以春节为主题的文案，如果运用元素组合法来写作，文案创作者就要在上述公式中前面的 3 个空格中随机各填上一个关键词，然后把 3 个关键词与"糖果"联系起来进行联想，将最终的结果填写在最后一个空格中。

假如文案创作者在前面的 3 个空格中分别填上了"儿时""过年""吃过的"，再将这些关键词与"糖果"联系起来，最终在最右侧的空格中填上"儿时过年吃过的那些糖果，你还记得吗？"等，如图 2-2 所示。

图2-2 以"春节"为主题的元素组合法的应用

2.1.2 头脑风暴法

头脑风暴法又称脑力激荡法，其目的在于激发人产生新观念或新创意，这种方法有利于激发人的创新思维。在不受任何限制的情况下，集体讨论问题能激发人的想象、热情和竞争意识。人人自由发言、相互影响、相互感染，就能形成思维热潮，突破固有观念的束缚，最大限度地发挥人们创造性的思维能力。

头脑风暴法是一种通过团队合作，实现集思广益效果的方法。头脑风暴法的实施要点如表 2-1 所示。

表 2-1 头脑风暴法的实施要点

实施步骤	实施要点
会前准备	① 明确会议主题，并提前将会议主题通报给与会人员，让与会人员有一定的准备； ② 选好主持人，主持人要熟悉并掌握该头脑风暴法的要点和操作要素，摸清主题现状和发展趋势； ③ 参与者要有一定的训练基础，懂得该会议提倡的原则和方法
参加人数	一般为 4 ~ 15 人（最佳构成人数为 6 ~ 10 人），最好由不同专业或不同岗位的工作者组成
会议时长	将会议时间控制在 1 小时左右
人员配置	① 设主持人一名，主持人只主持会议，不评论设想； ② 设记录员 1 ~ 2 人，记录员要认真将与会人员的每一设想不论好坏都完整地记录下来
会议要求	要求与会人员自由畅谈，强调在有限的时间内提出设想的数量越多越好，一般一次会议可得到几十至几百条新的文案创意设想

2.1.3 九宫格思考法

九宫格思考法又称曼陀罗联想法，它是一种有助于让人运用扩散性思维进行思考的策略。九宫格思考法的最终目标是为思维提供一个有效率的行动指引，因此要求有一个能够体现实际需求的核心主题，且这个主题要具有一定的可行性。

运用九宫格思考法写作电商文案的具体操作分为 3 个步骤。

第一步，在纸上用笔画出一个九宫格（见图 2-3），将主题（商品名等）写在正中间的位置。

第二步，将自己联想到的与主题相关的关键词写在旁边任意一个格子内，尽量用直觉思考，不要刻意追求所谓的"正确"答案。需要注意的是，只要是围绕主题产生的联想都可以填写。为了使九宫格尽量清晰且易懂，应尽量使用简单明了的词语进行描述。

第三步，尽量扩充 8 个格子的内容，鼓励反复思考、自我辩证，但无须给自己压力，不必在短时间内完成，也可以后续再对之前写下的内容

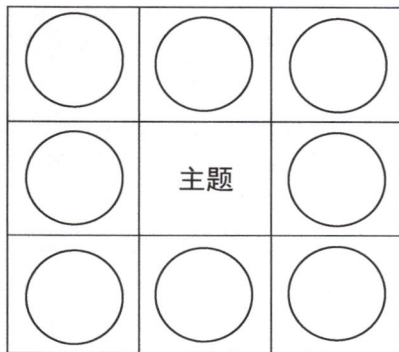

图2-3 九宫格

进行修改补充。第一次填写的九宫格可能会存在逻辑不正确、点子不适合等问题，此时文案创作者只要重新思考整理，建立更好的九宫格模型即可。

8 个方格填不满或不够用都没关系，文案创作者可以对其进行无限制的修改，直到满意为止。九宫格中的每一项都可以再进行细分，再列出另一个九宫格，这样文案创作者就可以把每个单项部分再一一整理清楚，从而得到更细致的内容。最后，文案创作者根据分析，强化其中一个最值得突出的卖点向消费者进行介绍，撰写文案。

例如，运用九宫格思考法为一款加湿器撰写文案。文案创作者先将主题"加湿器"放置在九宫格最中心的位置，分析后发现该商品具有以下功能：体积小、恒温、大容量、静音、远程遥控、3 挡雾量、12 小时定时、360° 出雾模式。于是，文案创作者将这 8 种功能依次列入格子中（见图 2-4），在创作文案时就可以围绕这些功能进行写作，文案创作者可以将该商品具有的比其他同类商品更好的功能作为核心卖点进行突出。

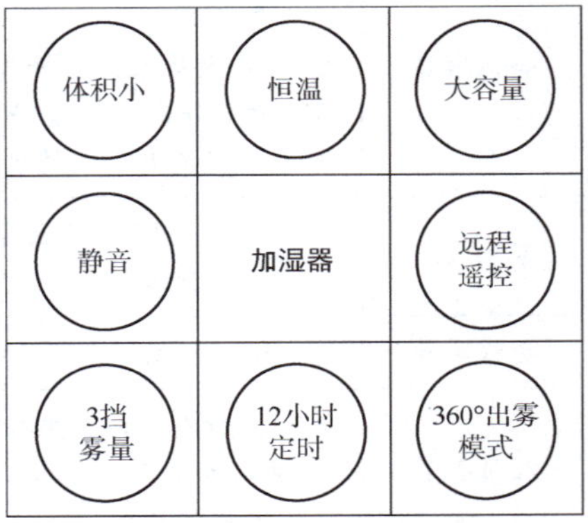

图2-4 九宫格思考法案例

2.1.4 五步创意法

心理学家洛万和斯坦林兹创造了"五步联想法"，他们认为："任何两个概念，哪怕它们相隔甚远，但只要经过四步、五步，最多六步，它们之间就能构成联想关系。"对此，他们举了这样一个典型例子——木质与足球，其联想关系如下：木质→树林→田野→球场→足球。这种五步联想法体现了一种非常规的思维，可以把不相关的两个概念联系起来，只要这种联系是自然的、合理的，这样的思维也就是成功的。

为两个概念建立联想关系并不难，难的是文案创作者所设计的联想关系是否独特，如果其联想没有任何独到之处，那么就会流于平庸。

例如，让"获奖"与"知不足才能进步"取得联系，如果文案创作者想到的是：获奖→我的书法作品→展览会上的书法作品→大家都称赞其他人的一幅书法作品→只有一人称赞我的作品→原来获奖的是他→知不足才能进步，则会显得过于平庸，也有些粗糙。因为第一步和第二步联想，都有"书法作品"的概念，因此两者本质上没有建立什么联想关系，这就是平庸的联想。而且"知不足才能进步"是"我"自己说的，根本不具有说服力。联想以"曲"为贵，而上面这个联想以某一事件为线，平铺直叙下来，当然就会显得平庸。因此，文案创作者在联想时，要放空自己的大脑，用一种新的视角看待自己所描述的东西。

对此，詹姆斯·韦伯·杨提出了"五步创意法"，其步骤如图 2-5 所示。

利用五步创意法进行电商文案创作时，文案创作者要对自己将要描述的事物进行相容关系、相关关系、相似关系、相对关系，以及无关关系等的联想。例如，有人看到"一辆高速车"，他能想到什么呢？

（1）相容关系（A 包含 B），此人可能想到车型、车灯、玻璃、牌照等。

（2）相关关系（A 与 B 有直接或间接关系），此人可能想到红绿灯、加油站等。

（3）相似关系（A 与 B 在某方面相似），此人可能想到奔腾芯片、绕口令等。

（4）相对关系（A 与 B 在某个方面相对或相反），此人可能想到乌龟、孕妇等。

（5）无关关系（A 与 B 无关），此人可能想到熊猫、词典等。

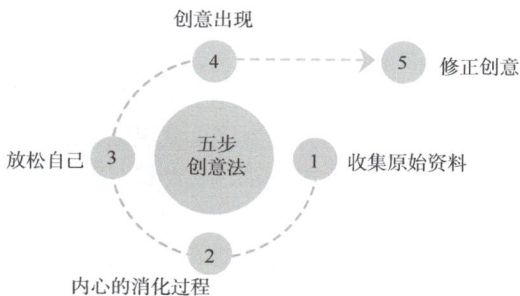

图2-5　詹姆斯·韦伯·杨"五步创意法"的步骤

课堂练习1：分析蔡林记武汉热干面商品详情页文案

图 2-6 所示为蔡林记武汉热干面的部分商品详情页，请对该详情页文案进行简单分析。

图2-6　武汉热干面部分商品详情页

首先，商家从感性的角度入手，用"乡愁""一口回武汉"等字眼激发消费者的感性认知，尤其对于武汉的消费者来说，这种说法更容易激发他们的认同感，对他们来说，这不仅是面，凝结的更是武汉人的情怀；而对于不是武汉的消费者来说，他们看到"一口回武汉"也可能会愿意尝试一下地道的武汉味道是什么。其次，商家分别从选材、配方、味道三个角度介绍了此款热干面选材严格、精工细作、味道地道的特点。最后，商家介绍了自己的发展历程，用实力证明商品的品质。

此款热干面的商品详情页文案的内容结构清晰，且文案用词凝练，通俗易懂，对于消费者来说比较具有吸引力。

课堂练习2：撰写养生电炖杯的商品详情页文案

请尝试为一款养生电炖杯撰写详情页文案，该款电炖杯的特点如下。

名称：养生电炖杯

材质：高硼硅玻璃，304 不锈钢

容量：0.4L

颜色：黄色、棕色

适合人群：1 人使用

保温时长：9 小时

功能：烧水、花茶、甜品、炖煮、保温

文案示例：

一天一杯鲜果饮

嘘～我的轻养小秘密

会炖煮的水杯，私人独享的茶水间

炖煮三大功能，给你更多美味享受

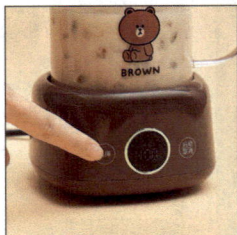

默默守候 9 小时

忙碌过后，依旧温暖

1～9 小时保温时间随心调

看似柔弱，却是强者

高硼硅玻璃无畏高温

健康材质，用着更放心

2.2 电商文案的写作切入点

夺人眼球的电商文案可能会使人开怀大笑，也可能使人陷入深思，它可以创意十足，也可以流畅自然，使消费者能够自然而然地被它吸引，甚至试图与其进行交流。倘若电商文案能达到这样的效果，那么其营销就至少成功了50%。

2.2.1 从消费者的需求切入

兵法有云："知己知彼，百战不殆。"写作电商文案也一样，电商文案创作者在下笔之前，必须搞清读这份文案的人是谁，知道他们读这份文案时的立场是什么。

首先，文案是让消费者阅读的，文案创作者在撰写文案时要说"消费者"，切忌总是谈论"我"。所以，撰写电商文案的基本要素就是多使用"你"字，例如："你是不是遇到困难了？""你最近压力大吗？""你觉得自己胖了吗？""你想过对自己好点儿吗？"

其次，文案创作者要站在消费者的立场来考虑问题，从消费者的购买动机出发来撰写文案。图2-7所示的江小白以"生活很简单"为主题的一组文案，就是根据消费者立场撰写的文案。

图2-7　根据消费者立场撰写文案

消费者的购买动机通常包括实用动机、方便动机、健康动机、求美动机、求廉动机、求新动机、求名动机和安全动机等。文案创作者要善于根据特定社会背景下的消费者的特定消费动机来撰写文案，让文案内容说到消费者的心坎上。

以某品牌厨房置物架为例，该商品的核心卖点在于大容量收纳。该商品电商网页中的文案从消费者的购买动机出发，详细阐述了使用商品后轻松解决厨房收纳困扰的效果，如图2-8所示。

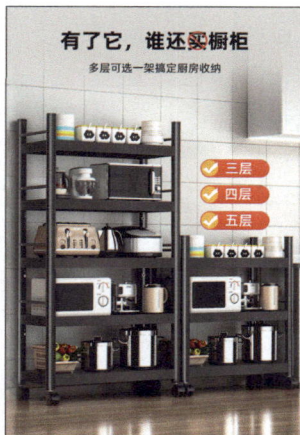

图2-8　从消费者购买动机出发撰写文案

2.2.2 从消费者的"痛点"切入

从消费者的"痛点"切入要求文案创作者要精准地捕捉消费者的需求和渴望，并将其与商品建立联系。一方面，文案创作者要精准地捕捉到消费者的内在需求，找准消费者的"痛点"所在；另一方面，文案创作者要具备洞察力，能够将消费者的"痛点"与商品联系起来，这样才能向消费者展现商品的价值。

好的文案往往通过走心的表现形式来宣传自己的商品，文案创作者可以采用换位思考的方式，用文案表达消费者的心声，让消费者觉得非买不可。例如，格力空调的文案"双效速热，省电75%"，很容易打动追求省电的消费者。再如，某品牌婴儿服的文案"无骨工艺缝制"（见图2-9），则切中了消费者担心服装对婴儿皮肤有磨损的"痛点"。

文案创作者要找到消费者真正的需求，说出消费者心里的那句话，以"消费者痛点"深挖"消费者需求"。消费者能感受到什么事物在干扰他们，即所谓的"痛点"，但往往想不到解决的方案，即所谓的"需求"。

文案创作者要把眼光投向消费者的这些"痛点"，想想那些让消费者感到不安、沮丧或难受的事情，然后带着这些"痛点"，寻找"治疗"方法，并将文案重点放在商品或服务可以解决消费者的"痛点"上，告知消费者这些商品或服务能够舒缓他们的痛苦。

例如，一到夏季，蚊虫增多，很多父母担心婴幼儿娇嫩的肌肤被蚊虫叮咬，还会担心蚊虫惊扰婴幼儿的睡眠。一个销售一款全罩式通用婴幼儿蚊帐的商家就从消费者的这些"痛点"出发，为蚊帐撰写了宣传文案，如图2-10所示。

图2-9　找准消费者"痛点"

图2-10　找准婴儿被蚊虫叮扰烦恼的"痛点"

2.2.3　从热点话题切入

蹭热点、用热词早已经不是什么营销秘密武器了，不少文案创作者每天都在关注当前最新的热点话题、最流行的词汇等热门信息。

网络文化的兴起催生了一些网络流行语，如"惊不惊喜，意不意外""还有这种操作""请开始你的表演"等。文案创作者如果能很好地掌握这些网络流行语，并将其延伸到商品文案中，将会大大增加文案的吸引力。

每年的高考都是一个热门话题，是人们关注的一个热点，很多品牌对高考保持着很强的敏锐度，结合这一热点实施品牌宣传。例如，晨光文具就针对高考这一热点，发起

"陪战"号召，联合洽洽等多个品牌一起组成"陪战联盟"，发布"陪战"海报，为高考学子加油打气，向考生释放品牌的温暖能量，如图2-11所示。

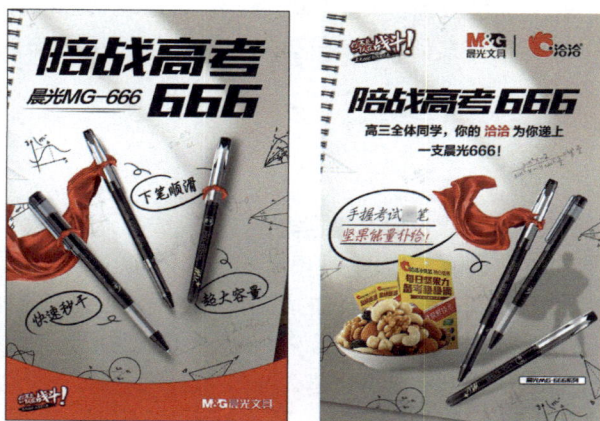

图2-11 晨光文具和恰恰"蹭热点"文案

无论是电影、电视剧、动漫卡通还是综艺节目，都很容易成为热点，成为电商文案的写作切入点。电商文案要与时俱进，紧贴舆论热点，做到真正与品牌"玩"、与社会"玩"、与商品"玩"，并在"玩"创意的过程中实现营销。

但需要注意的是，热点具有很强的时效性，文案创作者追热点要赶早。如果文案创作者没有在热点热度最高的时候追上，也就没有必要再追了，因为后续不管文案创作者如何操作，都会让人感觉这个热点毫无新鲜感，这只会让人感觉审美疲劳。

2.2.4 逆向思维切入

对于电商文案的创作者来说，从反方向切入，打破常规思维是一种非常容易吸引消费者注意力的写作方式。人们都习惯做正向思考，所以通过正向思维想到的东西，很多人都能想到，但通过逆向思维得到的东西很少有人能想到，所以大家都会觉得很好奇，这也是文案创作者通过逆向思维写出的文案更容易吸引消费者关注的原因。

逆向思维的文案写作切入点是指运用"反常规、反传统、反顺向"的思维方式，构想出的让人意想不到的广告创意。例如，在可乐界，长期以来都是可口可乐和百事可乐两雄独霸，其他品牌根本无力与它们争锋。

Doyle Dane Bernbach（DDB）广告公司在1959年为大众汽车推出的平面广告文案"想想小的好处"（Think Small），就是典型的运用逆向思维的创意策略，该文案一反消费者一味追求"大"的思维，突出一个"小"字，为大众甲壳虫汽车在美国成功开拓了巨大的市场。

1968年，七喜汽水的广告文案"七喜，非可乐"，通过将柠檬汽水重新定位为"非可乐"而获得巨大成功。这里的秘密在于，一个成功的定位往往会借助竞争对手的强大力量而起飞，"非可乐"借用了可口可乐和百事可乐在消费者心目中的强大力量，当消费者偶然间不想喝可乐时，七喜就成了首选，借力"两乐"将其他饮料的生意夺过来，七喜因此打响了品牌知名度。

与别人不同，你就真的不同，消费者就喜欢与众不同的东西。因此，对于电商文案来说，最大的忌讳就是雷同，除非文案创作者是第一个发布这种类型的文案的，否则很难再受到广泛关注。

2.2.5 制造"冲突"

文案创作者在撰写文案时，有时会根据需要有意制造冲突性话题，冲突性话题通常与常理不同，这样的文案突破了人们的心理预期，具有较强的话题性。

那么，如何制造"冲突"，吸引消费者的注意呢？首先，要保证这种"冲突"与消费者息息相关，要贴近消费者的生活，最好能说到消费者的忧虑所在。例如，"孩子学习成绩差，不好好听课，学校又没有办法管理怎么办？"这样消费者在看到文案时就会被你制造的"冲突"所吸引。

其次，有许多问题是人们认知层面深层次的固有矛盾，如小与大、多与少、梦想与现实等，这些问题难以解决，又具有话题性。文案创作者在运用这类话题时，可以先找到一个大家都认可的关注点，然后马上进行意外的转折，这样往往能给消费者带来出其不意的感觉，消费者也就顺着你造的"滑梯"迅速地滑下来了。

例如，苹果公司在发布第一代 iPod 时，谈到 iPod 的轻薄小巧和大存储容量，乔布斯说"把 1000 首歌装到口袋里"，这就让消费者感受到"小"与"大"的冲突。

最后，在进行互联网营销推广时，与竞争对手共同制造噱头，互相"挑逗"，也是一种常见的撰写文案的手段。例如，在宝马 100 周岁生日时，头条却都被奔驰占领了。原来奔驰借这个机会向宝马发送了一张祝福海报，随后大家立刻被海报中的文案"**感谢 100 年来的竞争，没有你的那 30 年实在是太无聊了**"（英译）所吸引，如图 2-12（左）所示。

宝马迅速贴出海报回应："**君生我未生，我生君已老**"。指出宝马虽然创立时间晚于奔驰，但年轻代表着无限可能，世界属于充满创造力的新生一代，如图 2-12（右）所示。一个是长辈姿态，一个有年轻资本，奔驰和宝马又一次轻轻松松吸引了全球目光。

图2-12　利用竞争对手制造冲突式文案

在互联网比较发达的时代，"温和"的东西大家看得太多了，偶尔出现一些意外"冲突"，会引起不小的动静。

课堂练习1：分析睫毛膏商品详情页文案

图2-13所示为某品牌一款睫毛膏的部分商品详情页，请对该详情页文案进行简单分析。

以"卡姿兰'大眼睛'"为详情页首焦图主题文案，配合展示女生浓密卷翘的睫毛图片，充分展示出使用该款商品后的效果，以吸引消费者的注意力。

该款睫毛膏的核心卖点在于不易结块、持久定妆和防水。该商品详情页中的文案从消费者的购买动机出发，从刷头设计、不同场合的妆效等方面详细阐述了真人使用睫毛膏后睫毛持久卷翘和不晕妆的效果，帮助消费者消除购物顾虑，从而促使消费者下单购买。

图2-13 睫毛膏部分商品详情页

课堂练习2：撰写婴儿拉拉裤的商品详情页文案

请尝试从消费者的痛点切入，为某款婴儿拉拉裤撰写详情页文案，该款拉拉裤的特点如下。

适用年龄：12 ~ 24 个月

功能：超薄透气、棉柔表层、弹性腰围

尺码：2XL

适用性别：男女通用

适合体重：15 千克以上

添加物：无

文案示例：

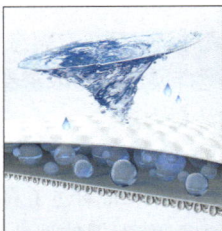

海量吸收，瞬吸干爽

接住 6 次以上"嘘嘘"，牢牢锁住尿液

屁屁时刻干爽，宝宝舒适自在

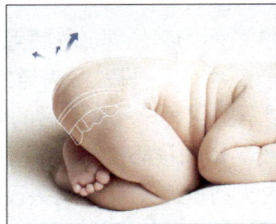

薄至无感，畅动更自由

0.2cm 全芯体结构，带给宝宝"零感"体验

让小屁屁舒适一整晚

小内裤设计，姿势百变也好换

一套一拉就穿上，侧面易撕方便脱

2.3　不同类型文案的写作

在电商运营中，常见的文案如一句话文案、商品包装文案、评价及咨询回复文案等，不同类型的文案有不同的写作侧重点，下面将介绍这 3 种文案的写作方法。

2.3.1　一句话文案的写作

一句话文案就是由一句话构成的文案。一句话文案并不是一个独立的个体，不是随意想到的一句比较符合商品主题的话就能成为一句话文案，也不是一句充满诗情画意的优美句子就是好的一句话文案。下面介绍几种提炼一句话文案的方法。

1．做加法

做加法就是文案创作者在写一句话文案之前，不需要给自己限定范围，可以"异想天开"，也可以"画蛇添足"，总之，想到什么就将它写下来，将自己的思维无限扩展，让自己的大脑处于完全开放的兴奋状态，形成连锁反应，不断扩大商品可塑性、趣味性等，即做加法。

以下是某品牌通过做加法为商品提炼的一句话文案，如图 2-14 所示。

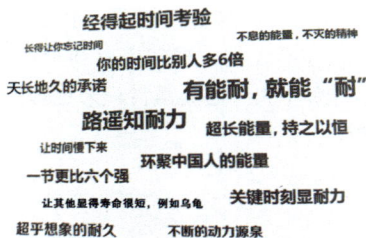

经得起时间考验
长得让你忘记时间 不息的能量，不灭的精神
你的时间比别人多6倍
天长地久的承诺 有能耐，就能"耐"
路遥知耐力 超长能量，持之以恒
让时间慢下来 环聚中国人的能量
一节更比六个强 关键时刻显耐力
让其他显得寿命很短，例如乌龟
超乎想象的耐久 不断的动力源泉

> 这些文案没有限定思维范围，充分利用修辞手法进行思维扩展

图2-14 做加法

2．做减法

做减法，顾名思义，就是从原有的文案中进行删减，挑选出最能吸引消费者注意力、最容易记忆的文案。一般常用的做减法的方式有两种，如图2-15所示。

做减法
A 直接减去文案
B 在文案上精简

图2-15 做减法的方式

（1）直接减去文案

通过做加法的方法，文案创作者可以得到多个文案，但这些文案并非都是精练、准确的，所以文案创作者需要将做加法得到的文案再通过做减法进行筛减，从中选出最精简、最能表现商品特点的文案，如图2-16所示。

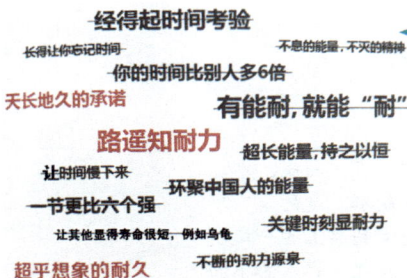

经得起时间考验
长得让你忘记时间 不息的能量，不灭的精神
你的时间比别人多6倍
天长地久的承诺 有能耐，就能"耐"
路遥知耐力 超长能量，持之以恒
让时间慢下来 环聚中国人的能量
一节更比六个强 关键时刻显耐力
让其他显得寿命很短，例如乌龟
超乎想象的耐久 不断的动力源泉

> 减去不精练、不准确的文案，留下3个最好的文案，注意最好不要用那些笃定地说"自己的商品是最好的"的文案

图2-16 做减法

（2）在文案上精简

在文案上精简是指在原来文案的基础上删减一些不必要的文字、词语，让文案以最精练的语言表达出最精准的意思。在文案上可以删减的词语类型如图2-17所示。

不影响句子表意的词语 前后重复的词语

精简文案

可用更短的词汇代替的词语 不必要的修饰语

图2-17 在文案上可删减的词语类型

文案创作者在做减法时，要尽量利用能体现商品特性的核心关键词来代替整句话，使文案看起来更加精练，且容易记忆。研究表明，相较于长句，短句更有利于消费者对文案的阅读与记忆；对于相同字数的广告文案来说，有断句的广告文案看起来更短。此外，对仗句读起来朗朗上口，会使文案显得更加短促有力。

3．穷举法

穷举法又称列举法，就是在原句的基础上进行多样化的再创作，如在原句上添加词语、添加标点、重新断句等。穷举法是提炼文案的一种最基本的方法，通过变换文字表达的角度，不断地改变，将每个词汇、句式都列举一遍，直到没有办法再进行修改为止。简单来说，穷举法就是尽可能地写出一个句子的所有表达方式，然后再从中进行筛选，选出最契合商品理念的一句话。

穷举法可分为基本穷举法与花样穷举法两种类型，下面以"桌上有一瓶水"为例，来说明穷举法的具体操作方法，如表2-2所示。

表2-2　穷举法的操作方法

类型	释义	示例
基本穷举法	在原句的基础上做基本的变化	桌上放着一瓶水。 桌上只有一瓶水。 一瓶水在桌上。 一瓶水放在桌上。 有一瓶水在桌上。 ……
花样穷举法	在原句上另加元素，以改变原句调性	加入标点：桌上，有，一瓶，水。 设问：桌上有一瓶水？是的。 反问：难道你没看到桌上的一瓶水？ 角度反转：桌子放在一杯水的下面。 用典：桌子上放着一瓶安徒生童话里的水。 加入英文：桌上有一杯Water。 口语化：桌上搁着一瓶水。 尊贵：一个檀木雕花的桌上，静置着一瓶从阿尔卑斯山采集的水。 加入术语：桌上有一瓶H_2O。 文艺范：是这样一瓶淡淡的时光，静静地伫立于岁月的耐心之上。 其他角度：桌子与一瓶水相互吸引在一起。 ……

4．奇思妙想

所谓奇思妙想，就是挖掘商品的戏剧性，然后将其发挥到极致。需要注意的是，奇思妙想不能脱离商品主题，最好是针对消费者心理的"脑洞大开"的想法。

下面来看几则文案示例，如图 2-18 所示。

抓住女性想要保持美丽的心理进行展现

利用一句很有情怀的话为品牌营造出一种文艺的气息

利用文字的谐音字，完美结合商品

图2-18 奇思妙想的示例

5．收集素材，创意思维

在写作文案前，文案创作者可以先收集与商品相关的素材，包括同类商品的图片、相关网站、时尚杂志，甚至是诗集，然后将收集来的这些资料分类放置，作为创意思维的参考资料。

文案创作者收集的素材要符合店铺的风格定位，特别要注意 4 个方面，如图 2-19 所示。在收集图片类素材时，文案创作者首先需要确认该图片是否侵权，是否有水印，如需保存截图，则存储格式需要使用无损格式 BMP 或 PNG。

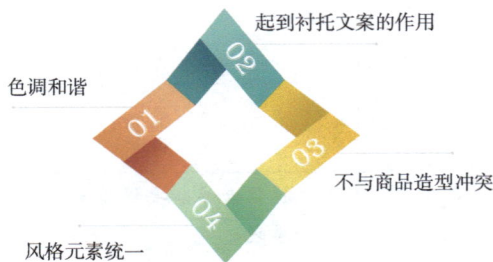

图2-19　收集素材的注意事项

此外，文案创作者可以收集那些成功文案中的素材，并研究它们的特点。图2-20所示为两则成功文案的素材示例。

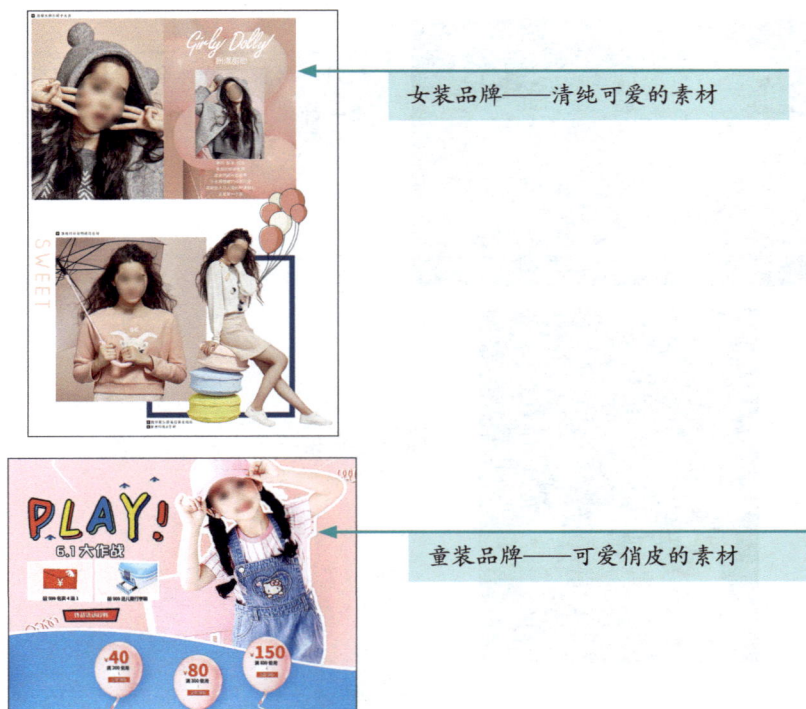

女装品牌——清纯可爱的素材

童装品牌——可爱俏皮的素材

图2-20　成功文案的素材示例

收集好素材后，文案创作者所选择使用的素材要贴合自己商品的主题，这样才能体现素材的价值，才能使之为文案所用。

2.3.2　商品包装文案的写作

商品包装就像商品的外衣，是商品的"门面"，是消费者在接触到商品时对商品产生的第一印象。在电子商务领域，商品包装文案也十分重要，许多商品之所以畅销不仅是因为商品本身好，它的包装文案也发挥了很大的作用。优秀的包装文案就是商品的一种广告，它对于消费者是否会再次产生购买欲望起着至关重要的作用。

商品包装上的文案必须清楚地标明商品品牌的名称并突出显示，以彰显品牌的个性。此外，还要解释清楚商品会为消费者的生活带来什么样的便利。同时，包装文案的写作还要遵守法律规定，如列明商品配料清单等。

在很多商品的包装上，给予文字的空间是有严格限制的，甚至在文案创作者想出文案之前，那些规定必须有的信息内容就几乎已经布满包装了。因此，文案创作者要与包装设计者和制作者一起商讨，确定每一个具体商品的包装上预留的文案空间。同时，还要控制好文案字数，要做到精练，没有一句废话。

图2-21所示为某品牌的一款零食的包装，包装的左上角写有品牌名称。包装正中间的位置，用较大号的字号展示了此款商品的名称。商

图2-21 商品包装文案

品名称的下方，较小的字号展示了此款商品的宣传语，整个包装文案结构完整，内容简洁，且不同类型文案的字号大小不同，使得包装上的文案显得错落有致。

包装正面和背面的文案是有明显区别的。包装正面文案，尤其是品牌和商品的名称与商品说明能起到广告的作用，主要用来吸引消费者的眼球，引导消费者把商品放入购物车中。而商品包装背面的文案，消费者基本不会看。因此，背面的文案要紧扣商品的细节，以此向消费者保证购买本商品物超所值。此外，背面的文案还要能激发消费者产生再次购买的欲望。

包装文案的本质并非商品说明，也不是用来修饰商品的，而是要达到品牌传播的目的，并促使消费者进行多次购买。文案创作者在撰写商品包装文案时，要贴合品牌的特点，让消费者在收到商品的一刹那，看到商品包装上的文案能对品牌或商品产生好感。

图2-22所示为某淘宝店的邮寄包装，包装盒上写着"一饺一世界　一口一幸福"，简简单单的一句话，既贴合了该网店的目标消费群体——文艺女青年的喜好，又表达了网店对消费者的关爱，容易让消费者对品牌产生好感。

图2-22 商品包装文案

需要指出的是，商品的包装文案要与品牌的策划传播主题一致。例如，一款中式果饮，其商品包装文案带着一股浓浓的传统味道，文案用词、造句具有古典美，营造出了一种清心之感，如图2-23所示。

图2-23　商品包装文案

2.3.3　评价及咨询回复文案的写作

如果消费者对商品一点都不了解，那么他们购物时考虑的问题就会多一些，此时其他消费者对商品的评论就可以起到关键的作用。与传统销售模式不同，电子商务的一大特点就是具有互动性，消费者可以在完成交易后将自己的购物体验、使用感受等评价内容直接发布到网上，也可以在网上对商品进行咨询，商家也可以根据消费者的评价及咨询进行回复。通常来说，商家对商品评价及咨询进行回复的效果要好于不回复，甚至有些商家通过评价及咨询回复引来了更多消费者的围观，实现了品牌的二次传播。

根据消费者发布的评价及咨询的不同，商家的回复文案可以分为商品好评的回复文案、商品差评的回复文案和商品咨询的回复文案3种类型。

1．商品好评的回复文案

商品好评的回复文案是指当消费者给商品留下好评时商家所进行的回复。对于消费者给出的商品评论，商家既可以用一本正经的态度对消费者表示感谢，也可以与消费者进行趣味性的互动，有趣的互动会让消费者感觉有趣，增加他们对品牌的好感度。

图2-24所示为某品牌官方旗舰店针对某个消费者的好评做出的评论回复，当消费者对商品报以满意的评价时，该品牌官方旗舰店的回复文案一方面是肯定并夸赞消费者的好评，另一方面又对消费者进行承诺，增加消费者对品牌的信任。

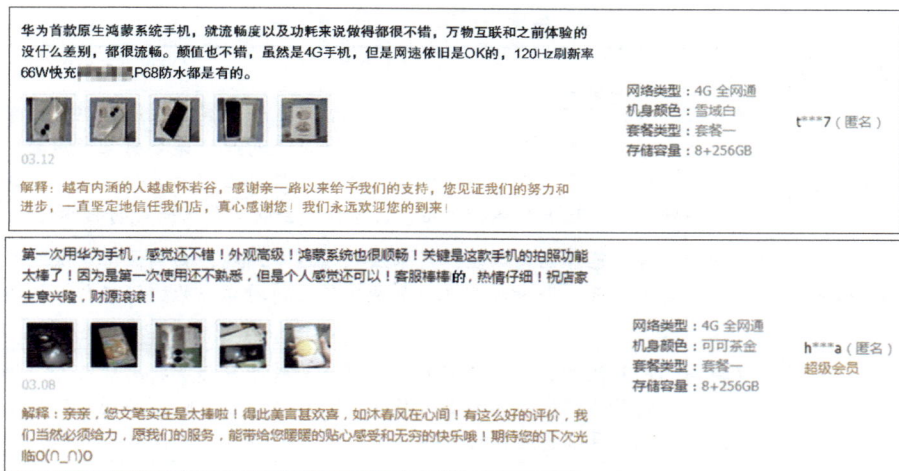

华为首款原生鸿蒙系统手机，就流畅度以及功耗来说做得都很不错，万物互联和之前体验的没什么差别，都很流畅。颜值也不错，虽然是4G手机，但是网速依旧是OK的，120Hz刷新率66W快充 ▓▓ P68防水都是有的。

03.12

网络类型：4G 全网通
机身颜色：雪域白
套餐类型：套餐一
存储容量：8+256GB

t***7（匿名）

解释：越有内涵的人越虚怀若谷，感谢亲一路以来给予我们的支持，您见证我们的努力和进步，一直坚定地信任我店，真心感谢您！我们永远欢迎您的到来！

第一次用华为手机，感觉还不错！外观高级！鸿蒙系统也很顺畅！关键是这款手机的拍照功能太棒了！因为是第一次使用还不熟悉，但是个人感觉还可以！客服棒棒的，热情仔细！祝店家生意兴隆，财源滚滚！

03.08

网络类型：4G 全网通
机身颜色：可可茶金
套餐类型：套餐一
存储容量：8+256GB

h***a（匿名）
超级会员

解释：亲亲，您文笔实在是太棒啦！得此美言甚欢喜，如沐春风在心间！有这么好的评价，我们当然必须给力，愿我们的服务，能带给您暖暖的贴心感受和无穷的快乐哦！期待您的下次光临O(∩_∩)O

图2-24 商品好评的回复文案

商家在对消费者的好评进行感谢型回复时，要尽量选择积极、正面、肯定的词汇，在文案中要能突显出品牌的个性，并且应该保持谦逊的态度，如可以使用"坚持""努力""执着"等词。例如：

"谢谢您对我们商品的肯定和赞美，相信这不仅仅是一场交易，更是我们对美好的共同认定，您的满意是我们最大的动力，您的鼓励是我们能量的源泉，您的青睐是我们前进的朝气，千言万语汇成一句话，感谢您对我们店铺的支持，愿与您下次相聚，一起期待更美的美好。"

"千言万语尽在不言中。我们会以百分之百的质量、百分之百的态度，让您感受百分之百的购物体验。如果您对商品有任何疑问或使用过程中需要帮助，可以直接联系我们！因为这才是我们存在的价值！"

2．商品差评的回复文案

对于消费者的中评、差评，或者虽然消费者给了好评但在评论中表现出了不满的情绪，一方面商家要主动联系消费者，对消费者提出的问题做出积极回应，并诚恳道歉；另一方面，商家要对问题做出合理解释，积极地化解误会。

当消费者的评论需要解释引导时，商家回复的态度要认真，要体现出自己对问题的重视，增加消费者对店铺的信任度。

一个让消费者感到满意的解释可能比一个好评更有价值。表 2-3 列举了一些与商品相关的差评回复文案，以供参考。

3．商品咨询的回复文案

消费者在购物过程中可能会向商家或客服人员咨询一些问题，这时商家和客服人员要及时、有效地进行回复，帮助消费者解决疑问，吸引消费者下单付款。表 2-4 列举了一些消费者会咨询的问题及其回复文案，以供参考。

表 2-3　与商品相关的差评回复文案

差评主要内容	回复文案
打开包裹后商品是坏的	您好，经过查证我们发出的商品是完好无损的，并且我们已经查明是由于运输途中快递工作人员的疏忽导致了商品的损坏，对此快递公司深感抱歉！我们已经与快递公司负责人进行了沟通，下次如果再出现此类情况我们必将终止与其合作，对于此次损坏的商品，快递公司会向您做出一定的赔偿处理
商品有瑕疵	非常抱歉，我们已经向商品生产厂家反映了这个问题，我们保证下次绝对不会再出现类似情况，同时我们也会加强发货之前对商品的检验工作，尽力做到万无一失
商品有色差	在拍摄商品图片的过程中，不同的光线容易导致图片与实物有所差异，给您带来不良的购物体验我们感到非常抱歉！今后我们在拍摄商品图片时会尽力将色差最小化，再次感谢您的光临
商品尺寸不对	在购买之前如果不知道选择哪个尺寸，建议您咨询客服人员或参照商品详情页的尺寸表来选择，衣服的尺寸存在误差是在所难免的，毕竟布料、测量方法等都会造成尺寸误差。我们的商品还是比较受消费者欢迎的，质量有保证，售后也很完善，我们投了运费险，您可以将衣服寄回，我们可以帮您调换尺码
商品性价比不高	坦诚地说，这个价格已经是对得起这个质量了，我们虽然没有办法和大卖家相比，但我们也是凭良心卖货的。我们的商品都是先讲质量，再谈价钱，大家有目共睹，我家的商品也是非常受消费者欢迎的，希望您是第一个不满意的，也是最后一个不满意的
商品味道大	您好，我们的衣服都是经过生产质检后直接打包的，运输途中衣服会在包装袋中密封几天，所以会有一点儿味道。不过请您放心，这个味道不会对身体造成伤害。就像您新装修的房间需要通风后才能入住一样，新衣服通通风也就不会有味道了，我们的衣服使用的材料都是达标的，是对人体无害的

表 2-4　商品咨询回复文案

消费者疑问		回复参考文案
商品疑问	是否是新品	① 您好，这款是我们品牌专属设计师最新设计并准备主打的 ×× 系列的新品哦（如果新品有相应的活动的话也可以加上）！ ② 您看的这款是我们店铺的经典款，不是新品哦，这款卖得非常好，之前购买过这款的人都很喜欢。如果您想看我们店铺的新品，请移步我们的新品专区（附上链接）
	关于商品质量问题	① 关于质量问题您可以放心，我们的商品每一道生产工序有严格的质量监管，每一件商品都经过 ×× 质检，我们也不会上架有质量问题的商品。后期您在使用过程中出现任何问题，也可以随时联系我们哦！ ② 自您收到商品的 7 天内，如果您对我们的商品有任何不满意，您都可以申请退款，但邮费需要由您承担，请谅解，谢谢（温馨提示：退回来的商品请保持吊牌完好，不要影响我们的二次销售哦）

续表

消费者疑问		回复参考文案
商品疑问	商品尺寸信息、尺寸推荐	您好，我们每个商品详情页中都会有该商品详细的规格尺寸信息。您在浏览商品的时候可以查找一下，至于您现在看的这款商品的尺寸信息是这个，您看一下（附商品详情页的尺寸信息截图）
	关于色差	我们所有的商品都是实物拍摄的，但可能会因为显示器不同或其他原因出现轻微的色差，这都属于正常现象哦！
价格疑问	消费者议价	① 真的很抱歉呢！我们商品的价格都是由公司统一制定的，线上线下价格体系相同。除了特殊活动外，您收到的商品标签价格也就是实际物品的价格，我们致力于做诚实商家，不愿意给消费者制造虚高标价再打折的印象，希望您能谅解呢！ ② 这款商品的性价比非常高，目前可以参加领券/满减活动，折算下来价格相当优惠哦！ ③ 这款商品虽然没有折扣，但能为您提供一件赠品，赠品和这款商品完美适配
差评疑问	商品有差评	① 一般所有品牌的商品都会存在差评，与差评相比，您更应该看重店铺的服务是否完善。我们店铺里的所有商品均有一年的质保服务，而且配备了专业、强大的售后服务团队为您提供服务。我们始终把商品的质量和服务放在第一位，相信您购买我们的商品后是不会失望的。 ② 我们始终坚持以最真诚的态度销售商品，消费者在评论区反映的问题我们都会及时解决，×××类商品重要的就是售后，我们的售后体系非常完善，请您放心。 ③ 这款商品的评价绝大部分是好评哦，对于那些给出差评的消费者，我们也很抱歉没有给他们带来完美的使用体验。我们已经对这些消费者一一进行了回访，帮助他们解决了相关问题，消费者反馈都还不错哦，您完全可以放心购买

课堂练习1：撰写钻石对戒的一句话文案

请尝试为某款钻石对戒撰写一句话文案，该款钻戒的特点如下。

品名：铂金钻石对戒

用途：结婚

形状：圆形

钻石切工：VG/很好

钻石净度：20分以下不分级

款式：合二为一的钻戒，组成浪漫的心

一句话文案示例：天生一对，甜蜜相依

课堂练习2：撰写新鲜脐橙的商品包装文案

请尝试为某款新鲜脐橙的商品包装撰写文案，该款脐橙的特点如下。

水果种类：脐橙

生鲜储存温度：0～8℃

净含量：1.5千克、2.5千克

卖点：酸甜多汁，柔嫩爽口，自然熟，不催熟，不打药

商品包装文案示例：吃得新鲜，活得漂亮

课堂练习3：撰写因客服人员回复慢被差评的回复文案

请尝试为客服回复较慢问题而造成的差评，撰写回复文案。

回复文案示例：

您好，我们非常抱歉给您带来了不愉快的购物体验。由于下单的消费者较多，客服人员暂时忙不过来导致没有及时回复您，您的心情我非常理解，我们感到万分抱歉。您的评价是对我们的提醒，我们会加强客服培训，避免以后出现类似的情况，感谢您的批评指正！也期待您的下次光临。

课后习题

1. 回忆或搜索一些你所看到过的一句话文案，并尝试分析它们的创作方法。

2. 假设你要为某款餐桌撰写文案，请用"穷举法"为它提炼一句话文案。

3. 如果你作为商家收到了来自消费者的针对衣服掉色的差评，你该怎样对其进行回复？

第3章

视觉营销策略的布局

【学习目标】

➢ 了解视觉营销中色彩的联觉现象。

➢ 掌握视觉营销中的色彩搭配方法。

➢ 了解视觉营销中网店风格的形成要素。

➢ 掌握视觉营销中常用的构图方法。

【素质目标】

➢ 培养多观察、多体验的感知能力，在实践的基础上敢于探索。

➢ 紧跟时代发展，以新发展理念为引领，推动高质量发展。

　　营销界有个著名的"7秒定律"，即消费者会在7秒内决定是否有购买商品的意愿，而在这短短的7秒内，色彩的决定因素占比为67%，可见视觉营销中配色的重要性。除色彩元素外，消费者对图形元素的感知也极为敏锐，在视觉营销中利用一些主次分明的构图法，也能吸引消费者的眼球。

3.1 视觉营销中的色彩运用

商家要想让自己的网店在众多网店中脱颖而出，做好网店的视觉营销设计至关重要。而在网店视觉营销设计中，最能吸引消费者的因素就是色彩。不同的色彩产生的生理和心理效应不同，不同的商品也有不同的色彩特性。因此，在网店视觉营销中，只有将色彩搭配运用得恰到好处，才能制作出独特的艺术效果。

3.1.1 色彩的联觉现象

不同的色彩会给人带来不一样的心理感受与联想，如图 3-1 所示。当人们看到蓝色、黑色时，会联想到科技与高端感，看到橙黄色时会联想到餐厅的橘色灯光、食物……在心理学上，对一种感官的刺激触发另一种感官的心理现象被称为联觉现象，而色彩的联觉现象也可以简单地理解为由色彩引发的联想。

色相	心理感受	通常会联想到的商品
红色	兴奋、热情、不安	敬酒服、年货、红包、口红
橙色	能量、激进、快乐	食品、暖光灯具
黄色	鲜明、欢快、喜悦	荧光笔、蜂蜜、柠檬
绿色	清新、活力、健康	药品、健身器材、环保袋、空气净化器、盆栽
蓝色	冷静、忧伤、严谨	男士用品、科技电子产品
紫色	高贵、气质、智慧	晚礼服、化妆品
黑色	肃穆、黯然、神秘	车饰、鼠标、键盘
白色	神圣、无邪、质朴	婚纱、医疗用品、餐饮器皿
灰色	科技、朴素、优雅	戒指、手机、电脑

图3-1 不同色彩给人带来的心理感受与联想

色彩的联觉现象是人们感知色彩时产生的习惯反映。在购买商品的过程中人们会自觉或不自觉地运用这种感知习惯，所以当人们在浏览购物网站时，很可能会首先通过色彩来识别商品。

例如，当消费者想要购买零食时，很可能会忽略一些其他色彩的商品页面，而将注意力集中在寻找橙黄色的商品页面上，因为在他们的经验中橙黄色是容易引起食欲的色彩，他们已经习惯于将食物与橙黄色联系在一起。下面来对比图 3-2 所示的两张图片。

两张图的内容与主题都围绕零食商品展开，不同的是两张图片的主色调。消费者的视觉对色彩的感知非常敏感，所以当他们看到这两种图后首先就会注意到色彩，从而形成图 3-3 所示的感知心理，而这样的心理也决定了他们的购买行为。

图3-2　零食商品的不同色调对比

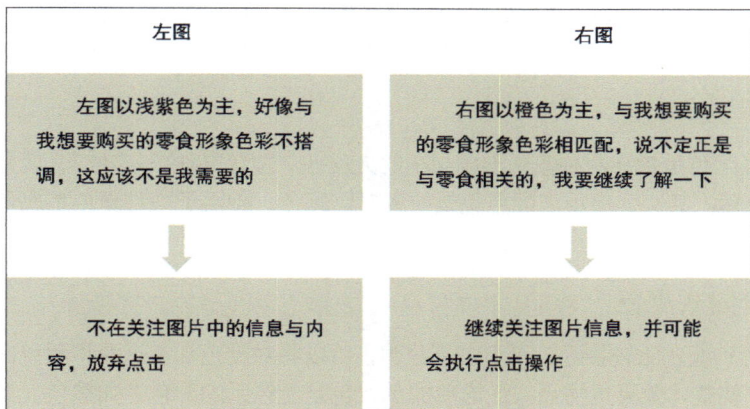

图3-3　色彩对购买行为的影响

　　不难发现，即使图片内容不变，不同的色彩也会让消费者做出两种相反的选择。因此，商家要想聚焦消费者的目光，就要根据消费者的认知习惯寻找出通常情况下能够表现商品的最具代表性的色彩，并将其运用到与商品相关的视觉设计中，这样才能避免消费者因为色彩而产生误会，从而放弃对商品的进一步关注。

3.1.2　色彩搭配的方法

　　色彩搭配并不是简单地把几种颜色混合在一起，而是有搭配方法的。常用的色彩搭配方法有以下 7 种。

1. 渐进配色

　　渐进配色是指按色彩的三要素色相、明度、饱和度（也叫纯度）之一的程度高低依次排列颜色。例如，彩虹就属于渐进配色。这种配色方法的特点是色调沉稳，也很醒目，尤其是色相和明度的渐进配色。

2．对比配色

对比配色是指用色相、明度或饱和度的反差进行搭配，这种配色方法营造的配色效果有鲜明的强弱感。其中，明度的对比能给人以明快、清晰的印象，可以说只要配色有明度上的对比，配色就不会太失败，如蓝配橙、黄配紫。

3．色调配色

色调配色是指具有某种相同性质（如明度一致、饱和度一致）的色彩搭配在一起，色相越全越好，最好 3 种色相以上。例如，同等明度的红色、黄色、蓝色搭配在一起，如彩虹既是渐进配色的范例，也是很好的色调配色的范例。

4．近似配色

近似配色是指选择相邻或相近的色相进行搭配。这种配色方法产生的效果非常协调。如果是单一色相的浓淡搭配，则称为同色系配色。

5．单重点配色

单重点配色是指让两种颜色形成面积的大反差。"万绿丛中一点红"，就是一种单重点配色的范例。其实，单重点配色也是一种对比配色，相当于一种颜色是底色，另一种颜色是配色。

6．分隔式配色

如果两种颜色比较接近，看上去不分明，可以将对比色加在这两种颜色之间，增加色彩强度，使整体效果更协调。最简单的加入色是无色系的颜色，如黑色、白色、灰色和米色等中性色。

7．夜配色

夜配色，严格来讲不算是一种真正的配色方法，但很有用。高明度或鲜亮的冷色与低明度的暖色配在一起，称为夜配色或影配色。它的特点是充满异国情调、民族风情，让人产生神秘、遥远的感觉。

3.1.3　网店风格的形成

网店风格的形成要素主要包括网店的主要风格、商品的情绪、网店的主题气氛和网店的包装色彩，下面将分别对其进行介绍。

1．网店的主要风格

经营不同的商品需要不同的网店风格，否则就会让人觉得不伦不类。常见的网店风格有简约清爽型、商业型、炫酷型、可爱型和特色型等。

简约清爽型网店以淡色为主，适合白领、办公室人群浏览，适用于服装、美容、家居用品和饰品等品类。图 3-4 所示为装修风格为简约清爽型的网店。

商业型网店一般使用冷色调，适合商务人群浏览，适用于虚拟产品、数码产品和家具等品类。图 3-5 所示为装修风格为商业型的网店。

图3-4 简约清爽型网店

图3-5 商业型网店

炫酷型网店一般为冷色调，适合大学生或男性白领人群浏览，适用于男士用品、文体用品、户外用品和数码产品等品类。图 3-6 所示为装修风格为炫酷型的网店。

可爱型网店通常为暖色调，主要以卡通图案或动物、花草等为装饰元素，适合年轻的女性浏览，适用于饰品、毛绒玩具、居家日用和鞋子等品类。图 3-7 所示为装修风格为可爱型的网店。

特色型网店适用于高雅的商品或民族风商品等品类，适合某类特定人群浏览。图 3-8 所示为装修风格为特色型的网店。

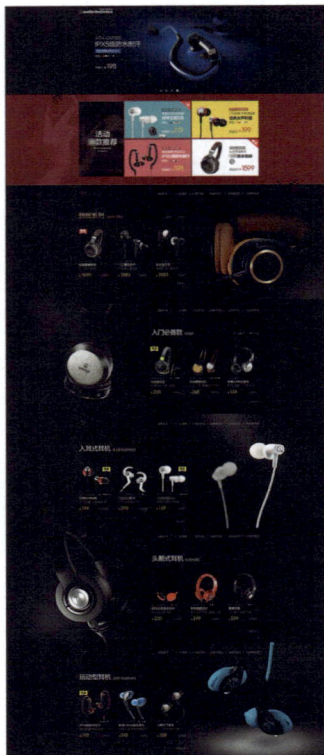

图3-6　炫酷型网店　　　　　图3-7　可爱型网店　　　　　图3-8　特色型网店

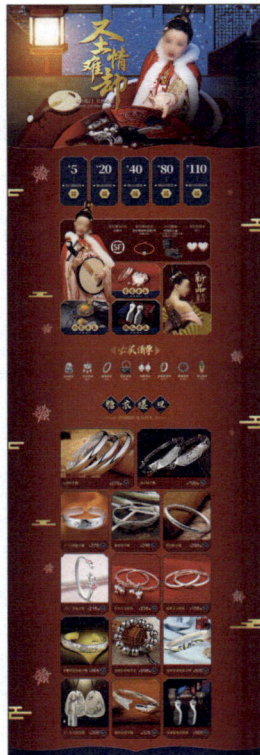

2. 商品的情绪

商品的情绪是指商品本身所体现的色彩的情感。大多数色彩的情感来源于生活，因此网店的视觉营销设计也要贴近生活。例如，女装按风格可划分为淑女风格、嬉皮风格、波西米亚风格、田园风格和民族风格等。商家要根据女装的不同风格来选择视觉营销所使用的色彩。

淑女风格的女装做工精致，配色典雅，有女人味但不夸张。服装配色以素色为主，简单地说就是偏传统的服装风格，如图3-9所示。

嬉皮风格的女装以穿着宽松、随性，色彩丰富、缤纷为主，这种风格的服装比较新潮，类似混搭。经典的嬉皮风格指的是充满活力和能量、颜色鲜艳的颜色，如图3-10所示。

波西米亚风格的女装设计繁杂，色彩艳丽，具有民族风情，兼收并蓄，并常带有流苏。这种女装风格崇尚自由和个性，如图3-11所示。

田园风格的女装强调回归自然，具有大自然的色彩，通常会加入碎花等元素，如图3-12所示。

民族风格的女装是指带有古典色彩或民俗风情的服装，具有复古的风情，如图3-13所示。

图3-9　淑女风格

图3-10　嬉皮风格

图3-11　波西米亚风格

图3-12　田园风格

图3-13　民族风格

男装按风格可划分为中式风格、商务休闲风格、运动休闲风格和时尚休闲风格等。

中式风格的男装多以中式元素为表现形式，这种风格的男装具有精练、简便与大方的特点，经常采用藏蓝、白色等颜色，如图 3-14 所示。

商务休闲风格是指既具有商务装的功能，又具备休闲装的随意的服装风格，提供给人们的是具有品位的生活理念和更多的生活选择。这种风格的服装介于西装和休闲装之间，经常采用咖啡色、灰色、藏蓝色等低纯度的颜色，如图 3-15 所示。

图3-14 中式风格

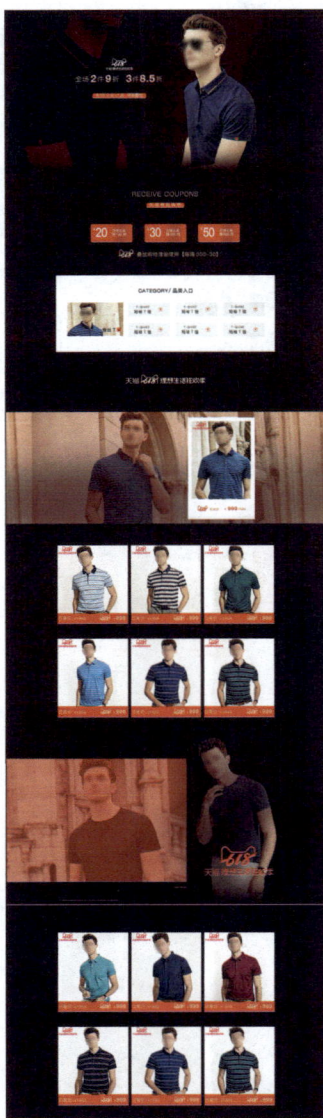

图3-15 商务休闲风格

运动休闲风格的男装具有明显的功能性，方便人们在休闲运动中舒展自如，它以良好的自由度、功能性和运动感赢得了大众的青睐，其配色丰富、自由，如图3-16所示。

时尚休闲风格的男装是指男士在闲暇生活中从事各种活动，即在公务、工作外进行休闲活动时所穿的服装，这类服装常采用蓝色、绿色和青色等让人感觉轻松的颜色，如图3-17所示。

图3-16 运动休闲风格

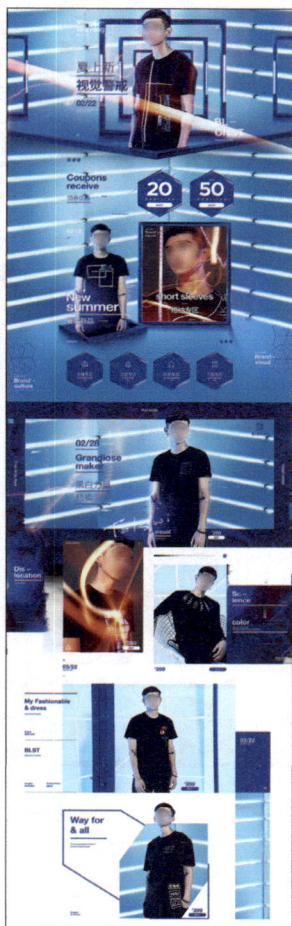

图3-17 时尚休闲风格

3．网店的主题气氛

网店的主题气氛主要通过网店的配色和装饰来烘托。例如，以年货节为主题的网店配色大多采用红色，然后通过灯笼和烟花等元素来体现年货节的节日气氛；以中秋节为主题的网店大多采用蓝色、紫色等颜色，然后使用月亮、团圆的人等元素来体现中秋的节日氛围，如图3-18所示。

图3-18　网店的主题气氛

4．网店的包装色彩

人们对于一个网店色彩的记忆往往更倾向于其包装，包装本身也代表着整个网店的风格定位。

色彩有着自己的语言，可以唤起人们的心灵感知，所以商家在确定网店的主题色调时，应该注意与商品特性相符合，或者与目标消费群体的特性相符合。

如果网店主营 18 ~ 30 岁女性的时尚服饰，那么比较适合的主题色就是偏柔和、浪漫的颜色，如粉色系，如图 3-19 所示；如果网店主营手机、相机等数码类商品，那么网店使用蓝色、黑色和灰色系的颜色往往能给消费者营造理智、高贵、沉稳的氛围，如图 3-20 所示。

图3-19 粉色系

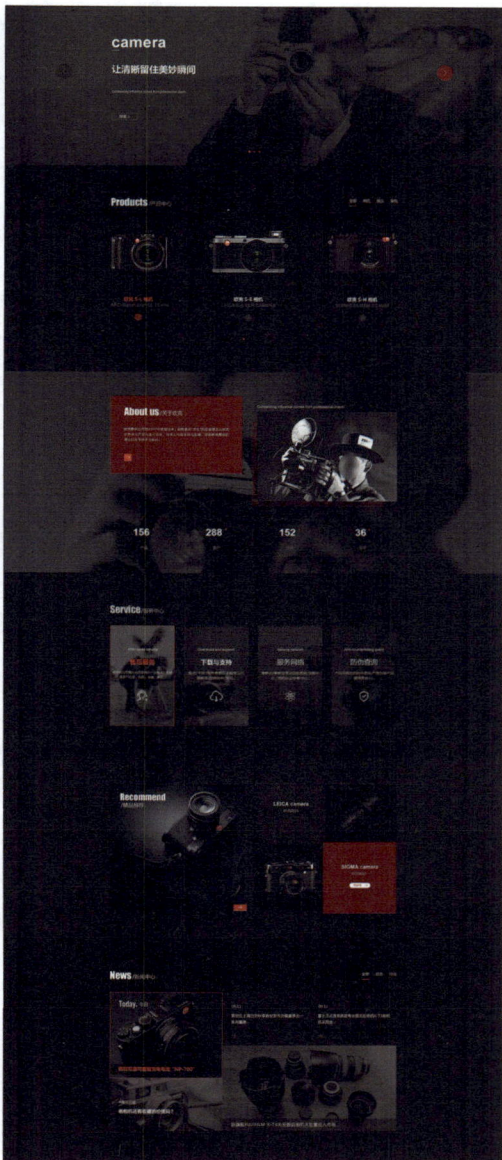

图3-20 黑色系

课堂练习1：分析卢正浩茶叶店铺的色彩运用

请以卢正浩茶叶店铺的首页视觉营销设计（见图3-21）为例，分析其设计中应用了哪些色彩搭配方法。

图3-21　销售茶叶店铺首页

　　该茶叶店铺首页在设计过程中使用了深绿色作为首页的主色调，使用了黄色、红色作为配色。黄色和绿色是邻近色，因此在运用配色时，降低其明度，可以使画面显得更为柔和，整个画面具有古典的意味，首页中的颜色显得协调而统一。

　　在首焦轮播区使用了手绘传统风格的插画作为背景，在店铺活动区使用了色彩较为鲜艳的红色和黄色进行点缀，赋予画面生机勃勃的感觉，同时避免整个页面因为颜色大多相似而显得呆板。

课堂练习2：设计女装店铺的色彩搭配

　　请尝试为某品牌女装店铺的首页进行视觉营销设计，色彩搭配示例如图3-22所示。

　　该女装店铺首页的背景、优惠券、价格标签等都使用相同的色相进行填充，即橙色，通过调整其明度和饱和度来呈现出不同的特色，使页面表现出一种井然有序的感觉，而橙色在心理上可以给人一种欢快、活泼的感觉，使人联想到金色的秋季，所以这样的配色可以将女装的清新、自然质感淋漓尽致地表现出来。除此之外，在辅助色的搭配上使用了纯度较高的灰色来对页面进行修饰，使画面更具生动感和活力感。

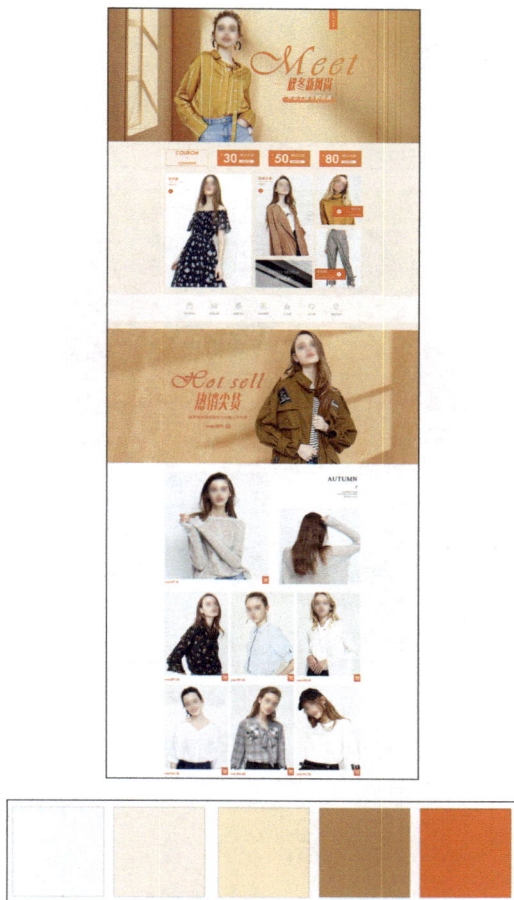

图3-22　某品牌女装店铺首页色彩搭配

3.2 视觉营销中的构图

　　合理的页面构图能够让页面设计更加出彩。在网店页面视觉营销设计中，常用的构图方法有简单切割构图法、组合切割构图法、对称切割构图法、整体场景构图法、流程构图法、物体轮廓构图法、多重切割构图法等。

3.2.1　简单切割构图法

　　简单切割构图法就是使用简单的线条或图案将整个页面整齐地分割成不同的部分，这种构图法能使画面瞬间变得有趣、生动起来，内容区域也能得到有效的划分。这种构图法对内容没有过多的要求，可以随意安排切割方式，具体排版可以根据内容来处理，如图 3-23 所示。

图3-23 简单切割构图法

3.2.2 组合切割构图法

组合切割构图法是通过对区块进行集中而有规律的排列，让整个页面设计更具有层次感的构图法。如果每个区块中的内容属于平级关系，则适宜采用这种构图法，这样能让各个区块中的内容保持平行关系，也能让页面布局更具创意，如图 3-24 所示。

图3-24 组合切割构图法

3.2.3 对称切割构图法

采用对称切割构图法的前提一般是能将页面内容分为主次两部分，并且这两部分是对立关系，此时将整个页面一分为二，内容划分明确，也更加具有视觉冲击力，可以使画面具有平衡感，如图 3-25 所示。

图3-25 对称切割构图法

3.2.4 整体场景构图法

整体场景构图法适用于促销、节日、活动等页面。整体场景构图法可以将消费者快速地带入页面氛围中，使商品或活动信息传播更加精准，如图3-26所示。

商家在设计这种页面时，头脑中要有画面感，先搭建大的画面关系，再往里面添加细节和内容。需要注意的是，页面中的场景不要抢了内容的视觉焦点，可以适当地做些减法。

图3-26 整体场景构图法

3.2.5 流程构图法

如果商家想要按照循序渐进的方式展现商品，不妨采用流程构图法。页面采用这种构图方式能够将各个步骤、关系、节点，以及整体流向展示清楚，再配合商品图片，一个枯燥的流程瞬间变得个性十足，并且充满了趣味性，消费者浏览起来也简单又明了，如图 3-27 所示。

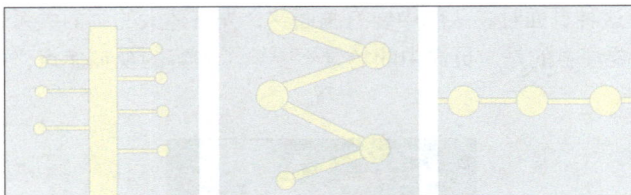

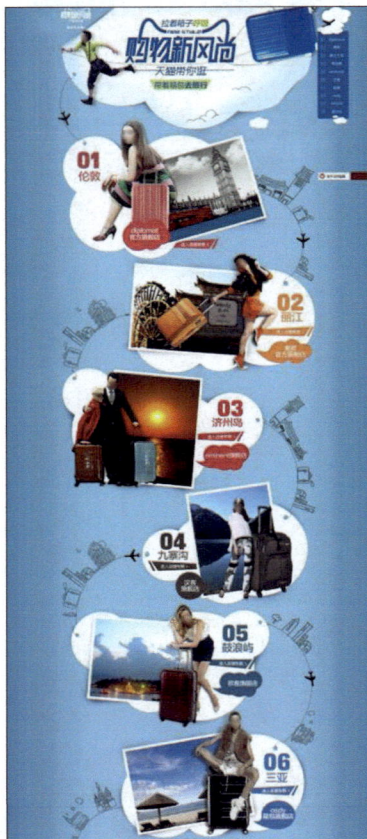

图3-27　流程构图法

3.2.6　物体轮廓构图法

物体轮廓构图法主要适用于活动、节日或新品创意的专题页面。商家可以根据专题页面的主要内容，从整体上构建一个边界或外形线，形成一个大的轮廓，然后再将内容巧妙地填充进去。

物体轮廓构图法能让整体页面更加生动、形象、有趣，如图3-28所示。需要注意的是，商家在设计时要将形状进行轮廓化，加以强调突出，舍弃一些烦琐的、次要的元素，以免影响消费者阅读内容。

图3-28　物体轮廓构图法

3.2.7　多重切割构图法

多重切割构图法的不规则的构图稳定而锐利，干净的排版易于识别，能让单一的页面变得生动，复杂的页面变得时尚，能够避免画面出现生硬感，不易让消费者产生审美疲劳，如图3-29所示。

不同的形状和排列呈现出来的视觉效果也不一样。这种构图法适用于体现时尚感、科技感与锋利感的页面。

图3-29　多重切割构图法

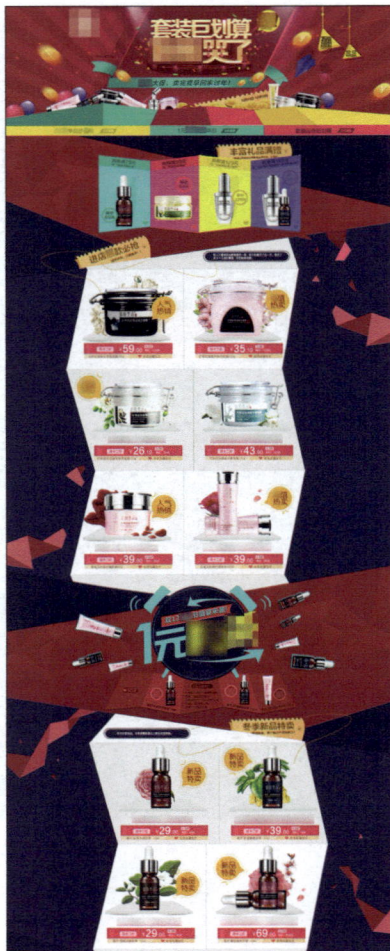

图3-29 多重切割构图法（续）

在视觉营销越来越注重个性、趣味性和视觉冲击力的当下，页面的构图也已经千变万化，以上只是列举出了其中几种较为常见的方法。不同的主题，不同的内容，构图排版的出发点也不尽相同。以上列举的方法也可以搭配使用。

在进行页面构图构思时，商家可以大胆尝试，考虑页面内容和风格，先确定基本构图，再往里面添加内容，充分考虑页面内容的排版，尽量做到让一个页面有大创意的同时又兼顾细节，让页面实现整体的和谐与统一。

课堂练习1：分析嘉华鲜花饼店铺首页页面构图

以嘉华鲜花饼店铺 7 周年店庆的首页视觉设计（见图 3-30）为例，请分析其导航、首焦轮播区、活动专区和商品陈列区的页面构图视觉效果。

图3-30　嘉华鲜花饼店铺首页

（1）导航

导航的视觉效果围绕"7年庆"的活动主题进行设计，风格比较简洁。品牌Logo、主推促销商品、收藏店铺是导航主要传达的信息。

（2）首焦轮播区

商家在设计过程中将首焦轮播区作为一个完整的视觉整体，整个画面的设计元素和谐融洽，商品、文案等信息凸显于背景之上，能有效地吸引消费者的浏览，达到传达信息的目的。

（3）活动专区

作为首页的第二屏，店铺优惠券采用飘动的红色飘带作为背景，凸显了优惠信息，很好地体现了优惠券的功能。活动专区以"送"字来突出活动的力度，可以有效地吸引消费者的注意力，提高转化率。

（4）商品陈列区

商品陈列区使用了整体场景构图法，在设计过程中更好地安排商品的布局，突出商品的外观、包装、卖点及优惠的价格，能够有效地吸引消费者的关注。

课堂练习2：设计女装店铺首页构图

请尝试为某品牌女装店铺首页进行视觉营销设计，其首页内容包括首焦轮播区、店铺优惠券、商品分类区、热销商品区和商品陈列区。

首页构图示例：在首页整体页面设计中使用简单切割构图法进行构图，其构思如图 3-31 所示，设计效果如图 3-32 所示。

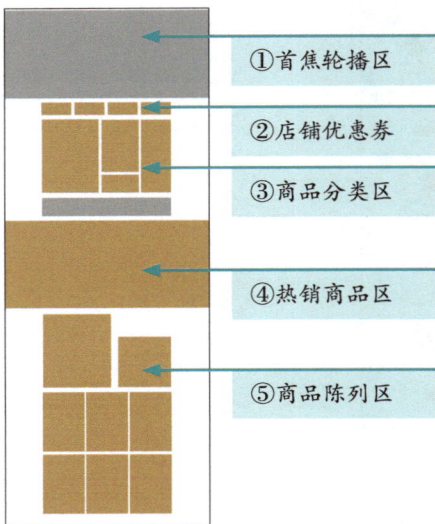

①首焦轮播区
②店铺优惠券
③商品分类区
④热销商品区
⑤商品陈列区

图3-31　某品牌女装店铺首页构图构思　　　图3-32　某品牌女装店铺首页设计效果

在首焦轮播区使用了色调为橙色的图像作为主要的页面背景，通过橘色和白色的文字来对店铺的活动进行介绍，固定了整个页面的基调。

店铺优惠券使用红色底搭配白色文案的方式进行展示，比较具有视觉冲击力。

商品分类区运用组合切割构图法，使用大小不一的矩形进行构图，使板块内容显得非常规整。

热销商品区展示出当前店铺中热销的商品，通过左文右图的方式进行排列，用简短的文字突出商品，为消费者的购买提供参考。

在商品陈列区使用了不同大小的矩形进行排版，采用图像和文字混排的方式来表现商品的促销信息，并利用适当的留白让商品的细节部分更加突出。

课后习题

1. 在淘宝网上搜索膜法世家的官方旗舰店，说说这家店铺在装修上给你带来怎样的感受，并说明它是如何对首页视觉营销进行布局的。

2. 如果你要为童装店铺设计配色，简述店铺配色的设计思路。

3. 请为流程构图法、物体轮廓构图法各举出一个实例。

第4章

视觉营销中的文案文字与图片设计

　　文案文字和图片是视觉营销的重要组成元素，这些元素的展现方式对视觉营销效果有着非常重要的影响，具有设计感的文字和图片有利于增强信息的表现力和视觉冲击力，吸引消费者的注意力，强化消费者对信息的认知。

4.1 视觉营销中的文案文字设计

在视觉营销中，文案文字的设计同样重要。做好文字设计，能够让信息传达得更准确，让页面更具美感。

4.1.1 文字字体的选择

不同的文字字体有着不同的特点，在电商文案中，常见的字体类型及其特点如表 4-1 所示。商家可以根据文案风格来选择使用合适的字体。

表 4-1 电商文案中常见的字体类型及其特点

字体类型	字体特点	字体举例	适用的商品品类举例
粗黑类字体	沉稳、硬朗、粗犷、棱角分明、体现力量感等	方正兰亭（粗黑、大黑）、造字工房、汉仪菱心、汉仪综艺等	运动户外用品、男士用品（如男装、剃须刀、男士商务包）、金属制品等
纤细类字体	纤细、苗条、细致、优雅、具有曲线美	宋体、方正细圆、细黑字体等	女装、化妆品等
中性字体	简洁、平静、规整等	兰亭黑体、微软雅黑体等	数码类商品、电器类商品等
卡通类字体	有趣、可爱、圆润等	细圆、迷你简卡通、迷你简少儿、舒同体	母婴类商品、零食类商品等
书法字体	自由、流畅、洒脱、力量、复古、艺术、传统等	毛笔字体等	复古家具、古风商品（如旗袍、折扇）等

4.1.2 文字字体的设计

为了提高文案的可读性和精美性，商家可以对文案中文字的字体进行创意性设计，打破传统字体形式的呆板感，让文案中的文字字体的表现形式更加丰富，从而彰显店铺文案的特点和个性。

1. 为文字增加立体感

在进行创意字体设计时，商家可以通过为文字添加修饰形状或阴影的方式来使文字具有空间感，然后通过调整文字的色彩和明暗来增强文字的立体感，如图 4-1 所示。这样能提升文字的表现力，同时也能增强画面的气势。

图4-1 为文字增加立体感

2．设计连体字

设计连体字就是使用一些特定的线条将某些存在笔画联系的单个字紧密地连接在一起，使多个文字形成一个整体，让文字效果显得自然、流畅，如图4-2所示。

3．为文字添加创意元素

其实很多时候商家只要对文字进行一些合理的变化，或者在文字上添加一些恰当的修饰元素来辅助文字的表现，就能提升文字的表现力。图4-3所示为用图形来替代文字中的一些笔画，增强了文字的趣味性和艺术性。

图4-2　设计连体字

图4-3　用图形替代笔画

4.1.3　文案版式的设计

在视觉营销中，文案中的文字与商品（或模特）图片是网店页面的有机组成部分，商家可以运用一些技巧来编排文字、商品（或模特）图片，使它们相互协调、相互融合，进而提升页面的表现力。

1．左文右图，左图右文

左文右图或左图右文的版式是利用垂直分割的方式将版面分为两个部分，然后将文字和商品（或模特）图片分别排列在版面的左右两侧，使版面在视觉上形成由左至右的流畅感。图4-4所示为左文右图的版式，图4-5所示为左图右文的版式。

图4-4　左文右图

图4-5　左图右文

根据实际需求，商品（或模特）图片可以是单张，也可以是多张。文案中的文字可以居中排列，也可以左右对齐，这样能让整个版面显得整洁统一，视觉上更加舒服。

2．上文下图，上图下文

上文下图或上图下文的版式是利用水平分割的方式将版面分为上下两个部分，分别将文字和商品（或模特）图片排列在版面的上部与下部，如图4-6和图4-7所示。通常人们都是按照从上到下的顺序浏览页面的，所以上文下图或上图下文的排版方式符合人们视觉上浏览页面的习惯。

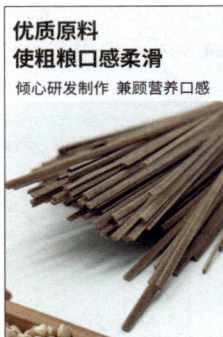

图4-6　上文下图

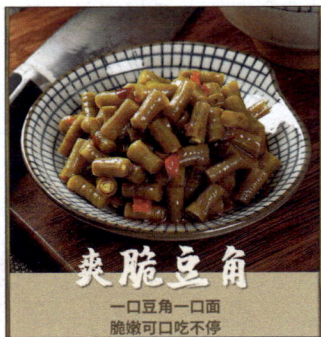

图4-7　上图下文

在上文下图的版式中，将商品（或模特）图片放在版面的下半部分，能够让版面在视觉上显得更加沉稳，而放置在图片上方的文字则在视觉上产生一种上升感。这样借助图片与文字之间的相互呼应，可以让整个版面的表现力得以提升。

商家使用上图下文的版式时，注意不要让中间的分割线将商品（或模特）图片和文字完全分割成上下两个部分，否则会让上面的图片产生失重、凌空的感觉。文字和商品（或模特）图片可以重叠，即使文字遮挡住一些商品（或模特）图片也无妨，这样可以增强文字和商品（或模特）之间的关联性，还能增强文字给视觉带来的可靠、安稳的感受。

3．图文图，文图文

图文图的版式就是将文字放在版面中间的位置，版面的左右两侧或上下部放置商品（或模特）图片。这种版式能让中间的文字部分更加突出，所以商家可以在文案的撰写上多花费一些心思。

文图文的版式就是将商品（或模特）图片放在版面的中间，版面的左右两侧或上下部放置文字，如图4-8所示。这种

图4-8　文图文

版式能让版面在视觉上更加突出中间的商品（或模特），但如果两侧的文字排版不当，容易让消费者在浏览页面时产生视觉疲劳。

为了避免这种情况的产生，商家最好不要把重要的文字信息分别放在商品（或模特）图片的两侧，否则会导致消费者无法在第一时间内抓住关键的信息。商家可以将重要的

信息放在版面的一侧，将次要的信息或者为了让版面平衡而添加的装饰性信息放在版面的另一侧，并且要保证两侧的文字信息排版整洁。

4．图片包围文字，文字包围图片

图片包围文字的版式就是将文字放置在版面的中间，图片分散在文字的周围，为了增加画面的律动感，图片可以水平或垂直摆放，也可以倾斜摆放。文字包围图片的版式就是将图片放在版面的中间，文字分散在图片的周围，如图4-9所示。无论商家采取何种版式，都要保证画面的干净、整洁。

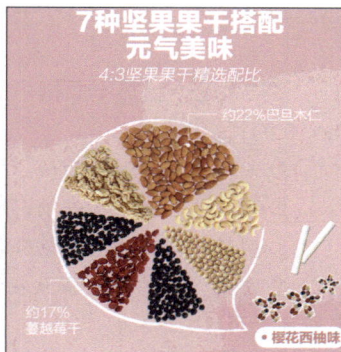

图4-9　文字包围图片

课堂练习1：分析儿童口罩商品详情页文案视觉设计

请以某品牌儿童口罩的商品详情页视觉设计（见图4-10）为例，分析其文案视觉营销效果。

该商品详情页文案使用了可爱风格的字体，字体风格与商品特性相符，体现了儿童用品的可爱。在文案版式上，使用了上文下图、图文图等多种排版方式，页面版式活泼可爱，对消费者很有吸引力。

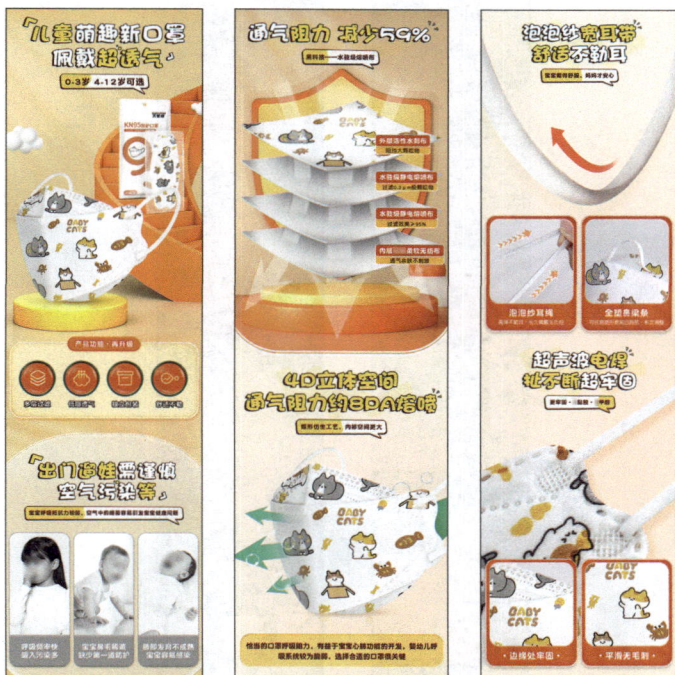

图4-10　儿童口罩商品详情页

课堂练习2：设计热干面商品详情页文案版式

请尝试为一款热干面撰写商品详情页文案，并为其设计商品详情页文案版式。此款热干面的特点如下。

① 使用上层特制精面粉，严格控制水与面的比例，面条爽滑、劲道、有嚼劲；

② 独立包装，一人一袋，地道武汉味道；

③ 调料包括辣油包、芝麻酱包、酱油包；

④ 烹饪方便，将面条放在沸水中煮6～8分钟，根据自己口味放入调料包，搅拌均匀即可食用。

图4-11所示为热干面商品详情页文案版式示例。

图4-11　热干面商品详情页文案版式示例

4.2 视觉营销中的图片设计

在电子商务行业，一次成功的营销活动和一篇优秀的文案都需要商家在图片上下功夫，只有高质量的、与文案主题相符合的图片，才能对文案起到锦上添花的作用，才能吸引消费者的注意力，刺激消费者的购买欲望，帮助商家实现营销目的。

4.2.1 图片的风格设计

文案创作者在选择文案图片时，要保证图片风格与商品相符，也就是说，文案创作者要以商品的风格为基础来选择图片。在电商文案中，图片风格的作用就是营造氛围，并将消费者带入这种氛围中，使其身临其境般地在这种氛围里体会文案所说的内容，产生某种共鸣，进而引起消费者的购买欲望。所以说，图片风格的选定是极其重要的。

下面来看几则图片的风格示例，如图4-12所示。

风格：复古式沙发图案配以田园景色，给消费者营造了一个田园场景

风格：商品展示风格和摄影风格都比较统一，加入了手绘风格的卡通元素，充满童趣

风格：营造出一种北欧简约的氛围，可以吸引喜欢简单生活方式的消费者

图4-12 图片的风格示例

4.2.2 图片的呈现方式

文案创作者在电商文案中使用合适的精美图片，可以让文案更加出彩。文案创作者在选择图片时首先要保证图片的风格与商品类型或营销活动的主题相符；其次，图片的呈现方式要能给消费者造成视觉冲击，吸引消费者的关注。在设计文案中的图片呈现方式时，文案创作者可以从5个方面下功夫，如图4-13所示。

图4-13　文案图片呈现方式设计的要点

下面是图片呈现方式的几则示例，如图4-14所示。

构图方式非常美观，加上简短的文案，突出图片的可观赏性及商品的质感

借助图片的轮廓，达到凸显主题的效果。文案的排版、图片的摆放位置都属于轮廓的范畴

利用不同的摆放角度，突出商品的细节

图4-14　图片的呈现方式示例

图中的色彩切合主题，整体配色和谐、不冲突

图片以浅蓝色为基调，贴合婴幼儿的形象，再加上商品文案，图片整体从视觉上可以让消费者产生舒适感

图片给人以强烈的视觉冲击，使消费者感受到商品的质感

这幅图将儿童洞洞鞋放在沙滩上，让人通过视觉就能感受到商品的使用场景

利用"商品＋模特＋文案"的视觉呈现，让消费者仿佛闻到了从模特身上散发出来的香水味

图4-14 图片的呈现方式示例（续）

4.2.3　图片及文案的精简表现形式

正如建筑学家密斯·凡德罗提出的那样，"少即是多"，对于电商视觉营销而言，精简的表现形式并不意味着呈现的信息少了，简约的图片看似牺牲了许多展现信息的机会，但这样的图片更便于消费者集中精力捕捉图片上的已有信息。

1．牺牲信息，不拖点击率后腿

有些商家希望通过图片向消费者传递更多的信息，从而换取转化率，然而这种想法一旦应用到商品主图，却可能成为拉低商品主图点击率的罪魁祸首。

图 4-15 所示为商品主图，图片中展示了诸多信息，由于受到商品主图尺寸的限制，整张图片看起来非常拥挤，且内容杂乱。其实，在这张图片中质量、赠品等信息完全没必要添加。图片中呈现的信息太多会分散消费者的注意力，不利于消费者识别图片中的重点信息，且过多的信息也会不利于商品主体信息的展示。

图4-15　商品主图

因此，商家要想让商品主图在第一时间抓住消费者的眼球，这种把所有属性都塞进商品主图的设计显然并不合适。此时，牺牲部分信息能让图片变得更加整洁、引人注目，让信息在有限的图片空间内以更便于阅读的方式显示在消费者眼前，如图 4-16 所示。

集中展示商品主体信息，保持图片版式的整洁，这样更便于消费者接收图中的信息，也更容易达到吸引消费者关注的目的

牺牲商品款式展示和部分文案信息，更好地凸显商品主体，图片中的信息不至于让人眼花缭乱

图4-16　牺牲部分信息

2．围绕卖点信息牺牲

除了商品主图以外，商家在进行其他图片的设计时，也要考虑到图片需要重点表现的信息，要对信息进行筛选与牺牲。

图 4-17 所示为一张轮播广告图，图片中罗列了店内商品的 5 个卖点，但是消费者可能并不会仔细地阅读这些信息，因为他们在浏览页面时可能并不愿意花费过多的时间对广告图片进行仔细研究，此时简洁的图片更具冲击力。

图4-17　轮播广告图

这张轮播广告图虽然罗列了店内女装的主要卖点，但下面关联销售的商品与重点展示的商品无关，这时商家就需要做出牺牲，找出最有价值、最有辨识度的卖点进行突出，这样才能让图片给消费者留下足够深刻的印象。

同时，描述卖点的词汇要清晰、具体，不能太笼统、空洞，否则不能让消费者直观地了解商品的具体优势及商品能给自己带来什么样的利益。这时商家就要思考消费者的真正需求是什么，并从中找出能让其心动的描述语言。

图 4-18 所示为某款连衣裙的轮播图，整张图片呈现的信息简单，且有层次感，牺牲掉了一些繁复而不具效应性的描述，只用简单的一句"打造精致女人"的文案便牢牢地抓住了消费者的眼球与购买心理。

图4-18　连衣裙轮播图

或许商家的商品有诸多的卖点，但商家在设计广告图片时，需要注意牺牲掉过于常见、不具个性及表现力的卖点，因为这样的卖点不易于引起消费者的共鸣，而无法引起共鸣的卖点自然也不会吸引消费者。

3．牺牲部分受众

在电子商务中，信息的传播不同于纸质媒体，它避开了打印、审批、复印与发行等一系列复杂的实现与传达过程，具有更迭速度较快的特点，而这一特点也使电商视觉营销有了"牺牲"的条件。

图 4-19 所示为某款牛肉酱的直通车图片。不难发现，该图片文案中的"香辣""川味"和图片中展示的牛肉酱的形态，都突出了这款牛肉酱"辣"的特点。其实这也是一种牺牲，因为这张直通车图片是以"辣"为主题的，将主要目标受众群体定位为喜欢吃辣的人，目标受众群体的范围在一定程度上有所缩小。

四件套是家庭日常生活的必备品，受众群体广泛，它可以作为礼物，也可以是新娘的嫁妆、家庭日常生活用品……因此，有的商家会认为图 4-20 所示的广告图片更适合作为四件套的宣传图片，因为该图片的设计更加常规化，能适用于更多的营销场合，面向的受众也更加广泛，容易获得更多消费者的认可。的确，这张图片作为平时的宣传图片是完全可以的，然而在各种节日到来时，商家就必须具备"牺牲"的精神，"牺牲"这种四平八稳的设计方式。

图4-19　某款牛肉酱的直通车图片

图4-20　四件套广告图片

例如，图 4-19 中的直通车图片看似牺牲了一部分目标受众群体，使商品似乎只面向了"喜欢吃辣的人"这一个相对小范围的群体，但该直通车图片因为强调了牛肉酱四川风味的"香"和"辣"而体现了其"辣得正宗"的特点，对喜欢川味的消费者形成了情感触动。所以这一牺牲容易打动人心，能够激发消费者的购买行为。

又如"稻草人箱包旗舰店"店铺，商家对店铺中的箱包进行宣传与推广时便进行了相应的牺牲。店铺中箱包的款型可谓多种多样，而在制作商品的广告图片时，商家并没有在图片中放置所有类型的商品，而是进行了分类的牺牲，如图 4-21 所示。

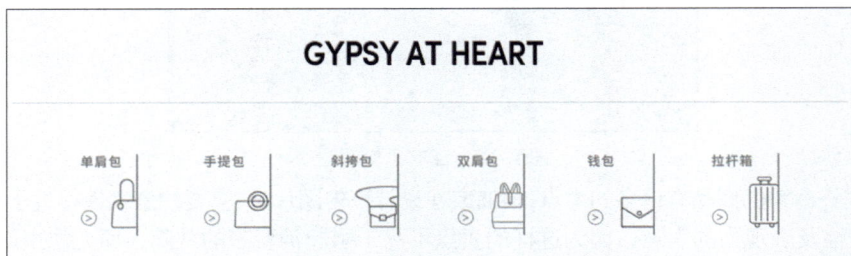

图4-21　"稻草人箱包旗舰店"店铺中箱包的分类导航

例如，在图 4-22 所示的广告图片中，商家制作了各种系列的箱包图片，为表面具有特色线条的箱包设计了"简约调·欧美范"系列的广告图片，为有链条的箱包设计了"风琴简约"系列的广告图片。但是，在选择需要支付广告费用的钻石展位图片时，这些图片都没有被选中，这是因为商家又做出了取舍。

"简约调·欧美范"系列

"风琴简约"系列

图4-22　广告图片

商家最终选择了图 4-23 所示的广告图片作为钻石展位图片进行展示。首先，考虑到当时的季节为春季，因此在制作广告图片时商家选择了与春季相呼应的商品图片。在春季推荐符合该季节特色的相应商品，能够进一步满足消费者的当下需求，虽然牺牲了另外一部分商品的展示，但选择符合季节特色的商品进行推广才能进一步引发消费者的购买兴趣，让图片更具广告效应。

图4-23　钻石展位图片

为了迎合节日或季节，以节日或季节为主题的广告图片的确会牺牲部分受众群体，但这种能集中精力的牺牲能使广告图片更具吸引力，更能激起消费者购买的激情与冲动。

"更大的网能够捕捉更多的客户"，有时商家往往就是被这样一句话所禁锢，于是舍不得做出牺牲，害怕做出牺牲后会失去一部分受众群体，销售额也会因此降低。其实不然，因为牺牲的目的并不是舍弃消费者、拉低销量，而是通过某些牺牲锁定更精准的目标群体，让广告设计更具吸引力，只有这样才能牢牢地抓住这部分群体，也才能更大限度地发掘出这部分群体的购买潜力，提高购买的转化率。相比之下，大众化的、没有集中力量的推广方式看似人人受益，却缺少了攻破人心的诱惑力。

4.2.4　图片中促销信息的表现

　　图片不应该只是单纯的一张商品图片或一张富有画面感的海报、广告图，它还应该包含相应的促销信息以引起消费者购买商品的欲望，但图片中的促销信息也不能太多，有一个主题即可。下面来看几则展示促销信息的图片（即促销图）示例，如图4-24所示。

主题就是促销，图片中着重突出了促销信息及商品图

主题是"领券减100元"，用优惠信息简洁高效、单刀直入地引起消费者的兴趣

主题是"千万优惠券"，很简洁地介绍了活动规则

图片整体色彩和谐，没有出现颜色上的冲突，促销字体的颜色与背景色相呼应

图4-24　促销图示例

图片上的促销信息并不是随意设置的，商家应该确保促销活动的理由合情合理。当然，商家不能天天换着花样地搞促销。消费者如果每天都能看到一则店铺发布的促销信息，就会对促销信息失去兴趣，反而会觉得这个店铺只是打着促销的幌子在营销而已，甚至对店铺产生不好的形象。

商家在制作促销图时，要为促销找到一个理由，并且这个理由必须充分、合理。理由的充分程度直接影响着消费者对这次促销活动力度强弱的认同程度，如"'双十一'大促"和"一周年店庆大返利"两个促销理由相比，很明显人们会感觉第一个理由的促销力度会更大。

那么，商家在制作促销图时如何寻找一个合理的促销理由呢？其实很简单，例如，利用节日、店铺纪念日作为主题，或者是新品上架、季末清仓，甚至可以打出"老板娘生日"的口号等。将自己想象成消费者，任何一个他们能看懂的借口都可以作为促销的理由。

此外，商家要想设计好促销图，需要规避4个误区，如图4-25所示。

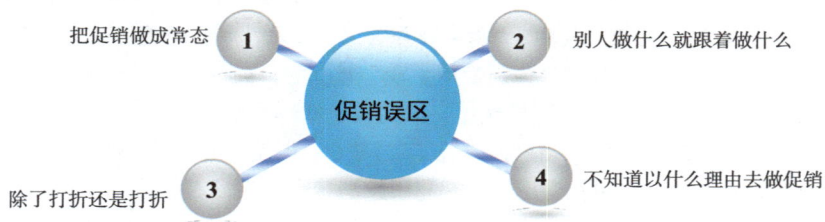

图4-25 促销图设计误区

商家在制作促销图之前，可以先将一些有价值的信息整理一遍，然后根据整理出的资料决定促销图的促销主题、文字大小、文字颜色、背景色等。商家可以根据图4-26所示的促销最简公式进行制作促销图前的准备工作。

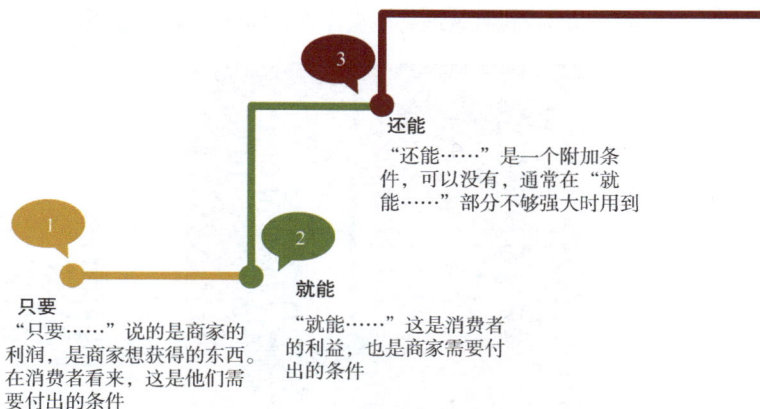

图4-26 促销最简公式

课堂练习1：分析韩束店铺商品海报视觉营销设计

图4-27 所示为韩束店铺一款商品的海报，请分析该海报的视觉营销设计。

图4-27　韩束店铺商品海报

整张海报以充满生机的田园风景为背景，搭配花朵、蝴蝶、骑马人等元素，给消费者营造了一种万物争春的美好氛围，很容易将消费者带入春季为肌肤补水的情境中。

"春季滋补"是该海报的促销主题，文案"一滴见证肌肤水润，补得进，储得足，锁得住"凸显了此款商品的特点。其中，"春季滋补"采用了较大号的黑色字，"一滴见证肌肤水润，补得进，储得足，锁得住"则使用了较小号的字，而商品的名称采用了白色字，并放在了红色底的长条图形中，这样能让文案更具层次感和辨识度。此外，虽然"一滴见证肌肤水润，补得进，储得足，锁得住"的字号较小，但是"补得进，储得足，锁得住"使用了加粗字，让这些信息更加突出，更容易引起消费者的注意。

该海报采用背景环绕商品主体的版式，通过虚化前景的手法使得文案和商品突出，看上去和谐自然，让人印象深刻。

课堂练习2：设计口红商品主图

下面为一款口红设计商品主图，如图 4-28 所示。在制作过程中将赠品和宣传文案自然地融合在一起，通过合理的版式有效地将视觉焦点集中到商品和促销价格上。

演示视频

图4-28　口红商品主图

步骤 01 在 Photoshop CC2013 中单击"文件"|"新建"命令,弹出"新建"对话框,设置图像大小为 800 像素 ×800 像素,背景色为白色,然后单击"确定"按钮,如图 4-29 所示。

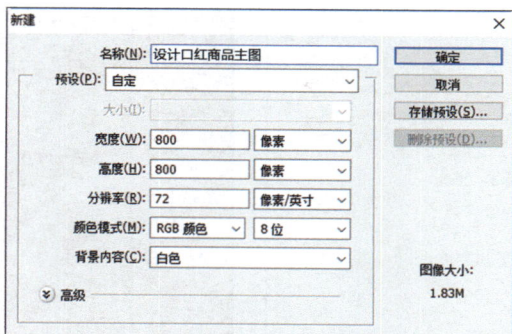

图4-29 "新建"对话框

步骤 02 打开"素材文件 \ 第 4 章 \01.jpg",将其导入图像窗口中,按【Ctrl+T】组合键调整图像的大小,如图 4-30 所示。

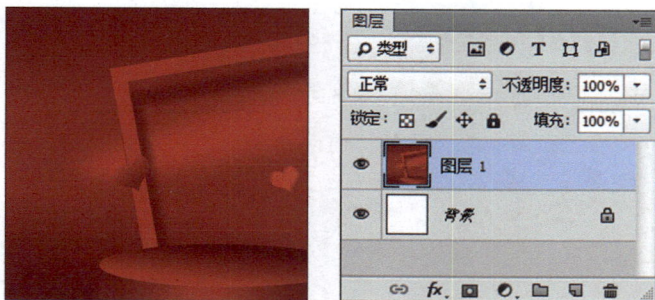

图4-30 添加主图背景素材

步骤 03 选择圆角矩形工具,在其工具属性栏中设置"半径"为 10 像素,在图像窗口的左上角绘制一个圆角矩形形状,如图 4-31 所示。

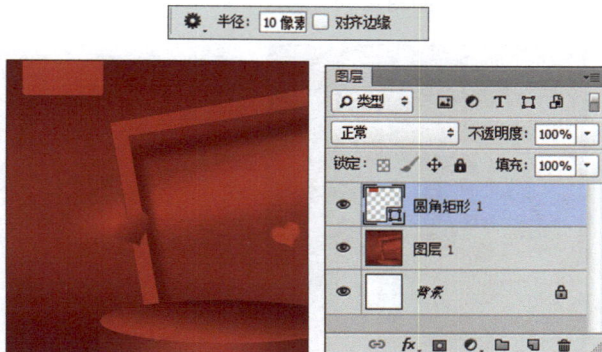

图4-31 绘制圆角矩形

步骤 04 双击"圆角矩形 1"图层，在弹出的"图层样式"对话框中设置"渐变叠加"图层样式的各项参数，其中渐变色为 RGB（176，26，28）到 RGB（209，32，35），然后单击"确定"按钮，如图 4-32 所示。

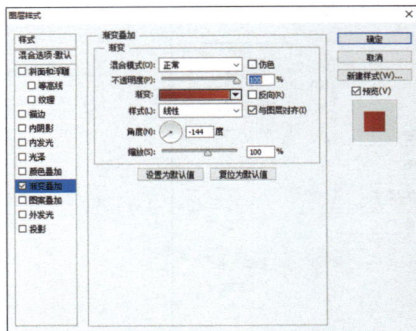

图4-32　为圆角矩形添加图层样式

步骤 05 选择横排文字工具，输入商品品牌名称。打开"字符"面板，设置文字的各项参数，其中文字颜色为 RGB（255，239，211），如图 4-33 所示。

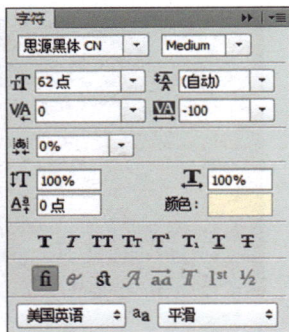

图4-33　输入商品品牌名称

步骤 06 打开"素材文件 \ 第 4 章 \02.png"，将商品素材导入图像窗口中，按【Ctrl+T】组合键调整图像的大小和位置，如图 4-34 所示。

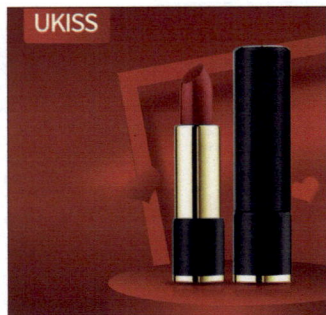

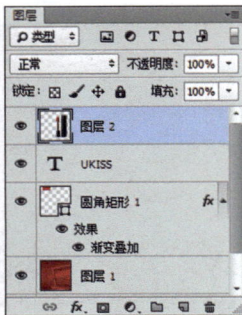

图4-34　添加商品素材

步骤 **07** 选择横排文字工具,输入"保湿盈润 精致唇妆"商品卖点文案。打开"字符"面板,设置文字的各项参数,如图4-35所示。

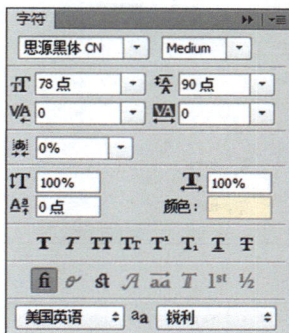

图4-35 添加商品卖点文案

步骤 **08** 双击"保湿盈润 精致唇妆"文本图层,在弹出的"图层样式"对话框中分别设置"内发光"和"渐变叠加"图层样式的各项参数,其中内发光颜色为RGB(255,255,190),渐变色为RGB(255,238,184)、RGB(254,248,231)到RGB(255,238,184),然后单击"确定"按钮,如图4-36所示。

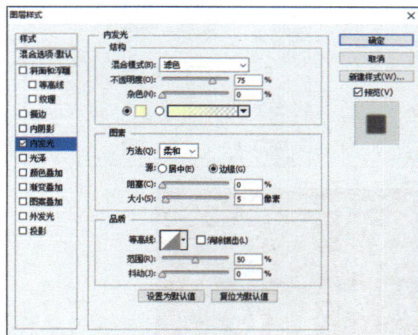

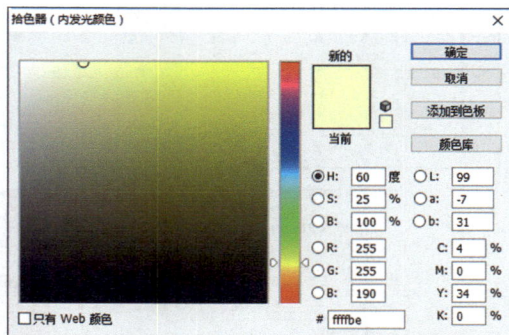

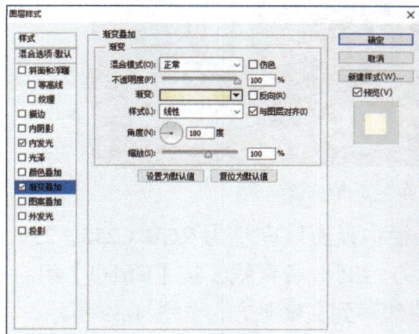

图4-36 为商品卖点文案添加图层样式

步骤 **09** 打开"素材文件 \ 第4章 \03.png",将装饰素材导入图像窗口中,按【Ctrl+T】组合键调整图像的大小,然后将其拖到图像窗口的左下角位置,如图4-37所示。

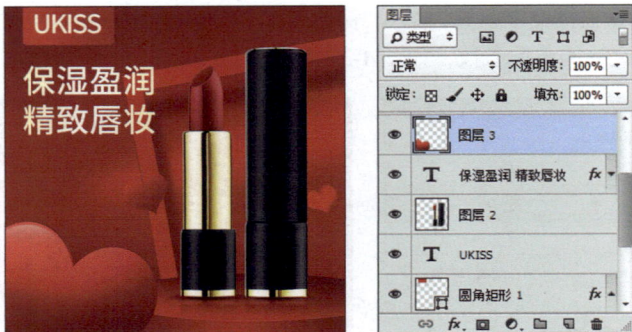

图4-37 添加装饰素材

步骤 ⑩ 选择横排文字工具，输入相应的商品促销文案。打开"字符"面板，设置文字的各项参数，如图 4-38 所示。

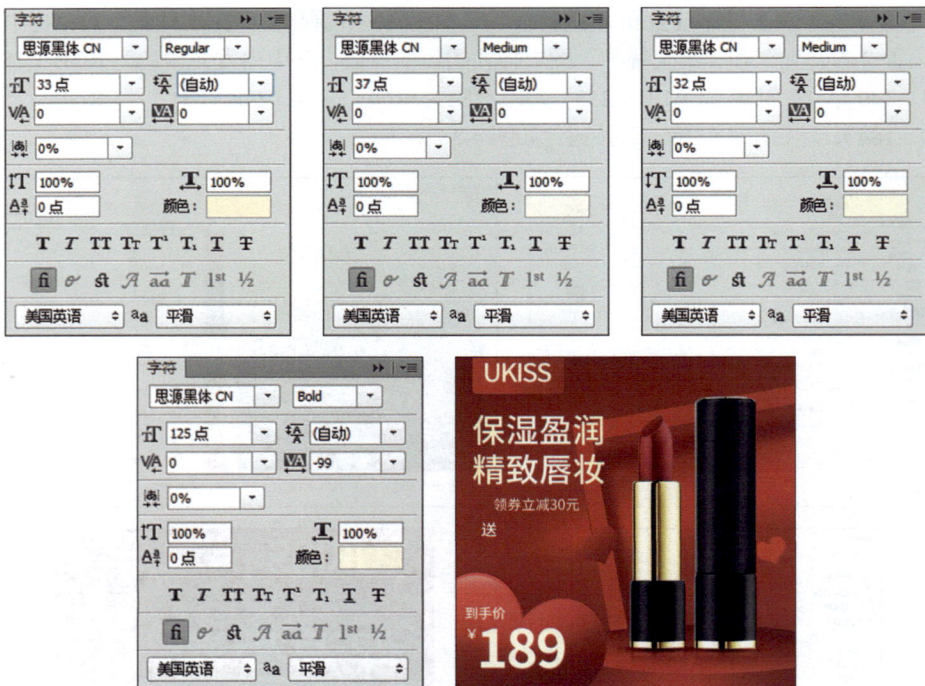

图4-38 添加商品促销文案

步骤 ⑪ 选择直线工具，在其工具属性栏中设置填充色为 RGB（255，239，211），"粗细"为 2 像素，在"领券立减 30 元"上方绘制一条直线。按【Ctrl+J】组合键复制直线，得到"形状 1 拷贝"图层，将复制的直线移到文案下方，如图 4-39 所示。

图4-39 绘制并复制直线

步骤⑫ 选择椭圆工具，绘制一个小圆，在其工具属性栏中设置填充色为RGB（212，37，40），在"图层"面板中将"椭圆1"形状图层拖到"送"文本图层的下方，如图4-40所示。

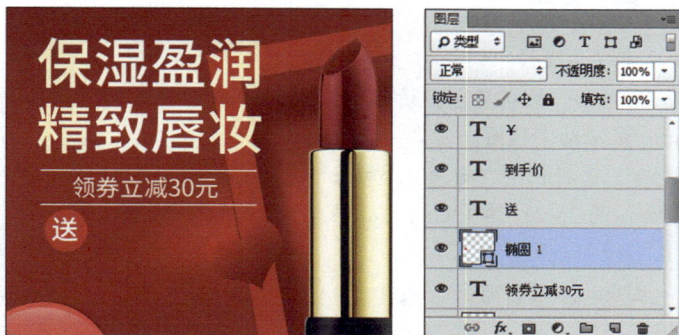

图4-40 绘制圆形并调整图层位置

步骤⑬ 打开"素材文件 \ 第4章 \04.png"，将赠品素材导入图像窗口中，按【Ctrl+T】组合键调整图像的大小，如图4-41所示。

图4-41 添加赠品素材

步骤⑭ 用右键单击"保湿盈润 精致唇妆"文本图层，在弹出的快捷菜单中选择"拷贝图层样式"命令，然后选择"189"文本图层并用右键单击，在弹出的快捷菜单中选择

"粘贴图层样式"命令，即可得到口红主图的最终效果，如图 4-42 所示。

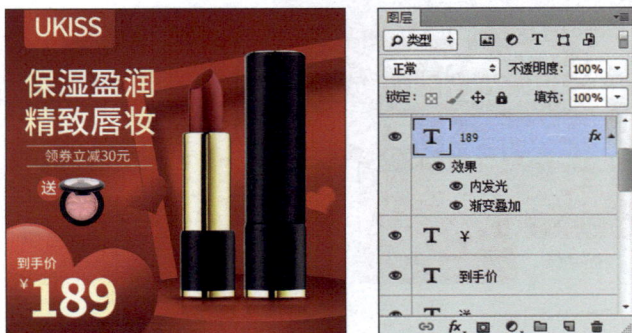

图4-42　口红主图最终效果

课后习题

1. 在店铺文案字体设计中，如何增加字体的艺术感？

2. 图 4-43 所示为一款双肩包，请你根据以下的商品描述，为该款双肩包设计一张活动促销图。

材质：尼龙布，面料轻柔、耐用、防水；

尺寸：宽 20cm，高 24cm，厚 13cm，可容纳充电宝、手机、记事本、iPad Mini 等物品；

整体结构：主袋、后袋、前袋、侧袋；

肩带：可调节长度；

五金配件：不易褪色，手感顺滑，结实耐用；

颜色：黑色、米色、蓝色；

商品保养方法：湿毛巾擦拭，放阴凉处风干，不可氯漂。

图4-43　双肩包

第5章

店铺首页文案与视觉营销设计

【学习目标】

➤ 掌握店招文案策划与视觉营销设计的方法。

➤ 掌握首焦轮播区文案策划与视觉营销设计的方法。

➤ 掌握商品陈列区文案策划与视觉营销设计的方法。

【素质目标】

➤ 树立双赢思维和利他精神，与人为善，真诚待人。

➤ 提升民族自尊心、自豪感，传播社会正能量。

　　首页是一个网店的"脸面"，如果首页不美观，就不能有效吸引消费者的注意力，那么不管网店中的商品有多么好，都很难吸引消费者购买。当然，首页不能只有图片，还要配上恰当的文案，才能让其更具有可读性和吸引力。要想提高网店首页的转化率，商家需要做好店招、首焦轮播区、商品陈列区的文案策划和视觉营销设计工作。

5.1　店招文案与视觉营销设计

店招是一家网店的门面。如果店招没有足够的吸引力，就很难给消费者留下深刻的印象。因此，商家要重视店招的设计，提高店招的吸引力。

5.1.1　店招文案的策划

网店的店招位于店铺首页的顶端，用于展示店铺的名称、最新活动与销售内容等一系列信息，其中名称是店招中最关键的内容。商家在为网店起名时，需要综合考虑多个方面的因素。商家可以分别从以下 6 个角度出发来给网店起名。

1．从商家的角度出发

从商家的角度出发来起名是最为常见的，在从这个角度起名时，要让店名显得亲切、自然，便于买家记忆。例如，一个销售礼品的店铺取名为"思思有礼——时尚精品店"。

2．从消费者的角度出发

商家可以从店铺所针对的主要消费群体的心理追求出发来为店铺起名。例如，一个主营女装的店铺起名为"前卫女生"，"女生"是这个店铺的主要销售对象，"前卫"体现了店铺商品的特色，同时也是这类群体的心理追求。这样的店名能够满足这类群体的需求，引起她们对店铺的好感，从而提高店铺的浏览率和成交率。

3．从商品产地出发

有些商品属于某地的特产，这种情况下标出商品的产地，可以使消费者对商品的质量更加放心，如山西的陈醋、温州的鞋子、义乌的小商品、新疆的干果等。例如，一个主营新疆干果的店铺取名为"好佳乡新疆特产"。而对于一些不带有鲜明地方特色的商品来讲，这种方法是不适用的，如电子商品和生活用品，全国各地都有销售，而且相互之间的差别不大，这时再突出表现产地就没有什么意义了。

4．从文化内涵出发

如果店铺的名称在实用的前提下能够体现出一定的文化内涵，那么这样的店名是能给店铺加分的。店名的内涵在一定程度上体现了商家的文化修养，而文化修养可以在一定程度上反映一个人的审美和品位。因此，一个有文化内涵的店名能够给消费者留下良好的第一印象，例如，一家销售新娘装的店铺起名为"花伊语"。

5．从商品品牌和服务质量出发

很多时候店铺可以直接以经营的品牌来命名，这样的店名让人感觉商品品牌正规，给人以信赖感。而且这样的店名往往能够吸引较高层次的消费群体，所以店铺内的商品定价也会比较高。对于这样的店铺来说，名称简约但不简单，如"七匹狼男装旗舰店"。

6．从店铺特色出发

有些网店以复古风格或者怀旧为主题，这类网店在店名中加入一些传统实体店的元素可能会更好。例如，某个雪纺女装专卖店起名为"仙衣阁"。雪纺的衣服本来就略显复古，很有古代女子衣袂飘飘的感觉。这个名称既显得脱俗，又充满了文化气息。

5.1.2　店招的视觉营销设计

店招是店铺的灵魂所在，是消费者进入店铺后看到的第一个模块，也是打造店铺品牌，让消费者瞬间记住店铺的最好阵地，所以商家要好好把握店招的视觉营销设计。

1．店铺名称样式的设计

这里所说的店铺名称样式的设计是指在已经想好店铺名称的前提下，考虑将店铺名称设计成什么样式，是简简单单的字体，还是花式变形体。一般来说，店铺名称样式的设计要考虑店铺商品的主要风格与特色。图 5-1 所示为一个主营婴儿用品的店铺的店招，该店招颜色淡雅，并配有花式字体，与店铺的整体风格相得益彰。

图5-1　店名样式的设计

为了让店招中的店铺名称给消费者留下深刻的印象，商家可以采取以下 3 个方法对店铺名称进行各种艺术化处理。

（1）用不同字体和字号的组合营造艺术感

虽然有的商家会在店招中使用设计好的店铺徽标来代替店铺名称，但文字仍是店铺名称最主要的表现形式。因此，商家可以采用一种最简单、有效的方式来美化店铺名称，那就是通过不同字体和字号的组合，赋予店铺名称一定的艺术感，如图 5-2 所示。

店铺名称使用与其他板块字体风格不同的手写体，让店铺名称更加醒目、更具艺术感

图5-2　不同字体字号的组合

（2）添加特效，突出特殊性和醒目度

为了让店招更加美观，商家可以为店招添加合适的背景，但这样一来店招中店铺名称的表现程度往往会被削弱。因此，商家可以通过为店招添加渐变色、阴影、浮雕与发光等效果的方式来突出店铺名称的特殊性，使其更加醒目，如图 5-3 所示。

为店铺名称添加浮雕效果，使其更加突出，使店招更加具有层次感

图5-3 为店铺名称添加效果

（3）使用修饰元素提升观赏性

单一的文字组合、简单的修饰有时并不能真正表现出店铺的风格和店铺名称的设计感，此时商家可以为店铺名称添加修饰元素，并让修饰元素与店铺名称实现完美的融合，从而让店铺名称更加个性化，如图5-4所示。

使用传统风格的图案来修饰店铺名称，文字与图案在外形上的契合让店铺名称更具个性和艺术感，更容易让店铺名称在消费者心中形成深刻的印象

图5-4 为店铺名称添加修饰元素

这是三种方法中最为有效，也最为复杂的一种。这种方法需要商家具有良好的设计思路、敏锐的观察力和一定的设计经验。

2．店招上其他元素的设计

除了店铺名称外，商家还可以在店招上添加品牌宣传语、收藏按钮、近期的打折促销信息等元素，力求利用有限的空间传递出更多的信息，以刺激消费者的购买欲望。但是，商家在店招上添加的其他元素最好不要超过4个，因为足够的留白空间有利于打造视觉重点，让设计元素发挥出最大的效能，如图5-5所示。

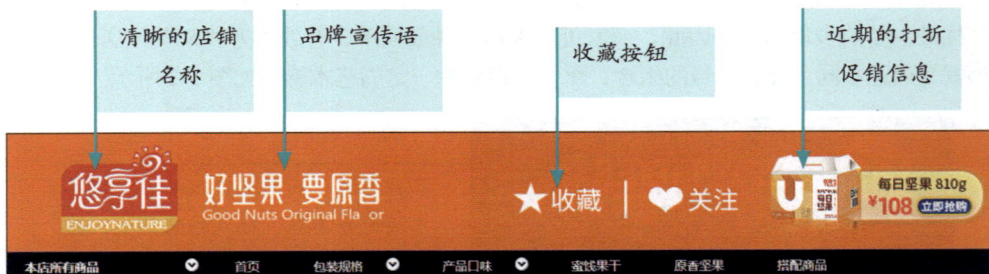

清晰的店铺名称　　品牌宣传语　　收藏按钮　　近期的打折促销信息

图5-5 店招上其他元素的设计

此外，这些元素中的文字内容不宜太长，尽量做到语言简洁，没有多余的文字，而且商家要协调好这些文字和店铺名称的关系，不能因为突出某些内容而湮没了店铺名称。

3．店招与导航条风格的统一

为了树立店铺的品牌形象，提升店铺的档次，商家在设计店招时要注意让店招的风格与导航条的风格保持协调、统一，商家可以利用色彩、修饰元素与风格的相似性来营造视觉上的一致性，打造出独特的店铺装修风格，让消费者在浏览店铺的短暂时间内就能对店铺留下印象，如图 5-6 所示。

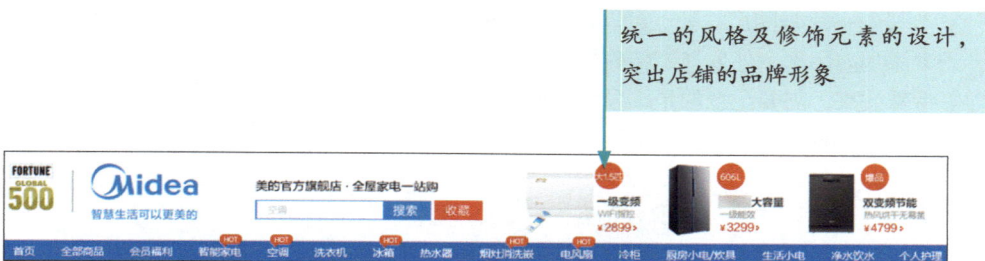

统一的风格及修饰元素的设计，突出店铺的品牌形象

图5-6　店招和导航条风格统一

4．图层样式的应用

随着店铺装修的个性化、精致化成为一种潮流，导航条的设计也越来越受到商家的关注。一个质感强烈、层次清晰的导航条，不仅可以提升整个店铺首页的档次，而且能让消费者更乐意去点击。

在制作导航条的过程中，可以通过应用图层样式对设计元素进行修饰和美化，使其在色彩、质感与光泽上发生变化，如图 5-7 所示。

用"渐变叠加"图层样式来表现导航条功能按钮被鼠标指针触碰后的状态，在视觉上形成凹陷的效果，将其与导航条中正常状态下的功能按钮区分开

当鼠标指针触碰到导航条中任意一个功能按钮时，该按钮就会呈现出不同的效果。这就是添加图层样式的效果，能给人视觉上的错觉，让按钮上的文字更具层次感，更易于展示当前操作的结果

图5-7　应用图层样式

上述案例中的导航条外观与大部分导航条类似，不同的是这两个导航条更有立体感，风格上偏向拟物化设计（形态与真实世界中的按钮类似），而这些特殊效果都是利用图层样式来实现的，可见图层样式在导航条设计中的重要性。

为导航条添加图层样式，可以让原本色彩单一的导航条变得绚丽。为导航条中的设计元素添加内阴影、外发光等特殊的光泽效果，还可以让导航条形成立体浮雕、图案纹理等特殊效果。需要注意的是，导航条的设计风格应当与店招乃至整个店铺首页的装修风格一致，不能一味地追求华丽而让导航条显得突兀、不协调。

课堂练习1：分析美妆店铺的店招设计

图 5-8 所示为某美妆店铺的店招，请分析该店招的文案与视觉营销设计。

图5-8　某美妆店铺店招

● 整体效果分析

店招的整体视觉效果围绕"双十一"的活动主题设计，添加"点击收藏"按钮，方便消费者关注店铺，有利于进一步提高店铺收藏率。品牌、活动、优惠是店招主要传达的信息。

● 背景颜色分析

蓝紫色的背景给人以优雅、高贵的色彩情感，符合美妆店铺的特征。店招中玫红色调让人感觉热情、喜庆，而蓝紫色调能营造空间感，通过冷暖色的对比，使店招得到了美妙的视觉效果。

● 文案分析

商家以品牌名作为店铺的名称，简单、直接，有利于增强消费者对店铺的信任度和对品牌的认知。在店招中使用"前 1000 名定金全减""买 1 送 16""买 2 送 7"等字眼有效突出"双十一"活动力度大的氛围，有利于激发消费者产生购买欲。

根据店招风格，使用简洁的字体，结合不同字号和颜色的文字组合，增加了文字的跳跃性。文字部分占据画面的三分之一，让消费者可以直接注意到店招上的信息，对于店招的信息传递具有推动作用。

● 素材分析

添加气泡等素材来装饰文字，增加了文字的时尚感，丰富画面效果，大大提升了店招的感染力。

课堂练习2：设计美妆店铺的店招

下面设计一个美妆店铺的店招，示例如图 5-9 所示。在制作过程中使用浅紫色的溶图图案作为店招背景，营造出优雅、灵动的视觉效果。利用不同字号的组合文字对优惠券和促销内容对店招进行点缀，使店招整个画面风格更加统一。

演示视频

图5-9 美妆店铺店招示例

步骤 01 在 Photoshop CC2013 中单击"文件"|"新建"命令,弹出"新建"对话框,设置图像大小为 950 像素 ×150 像素，背景色为白色，然后单击"确定"按钮，如图 5-10 所示。

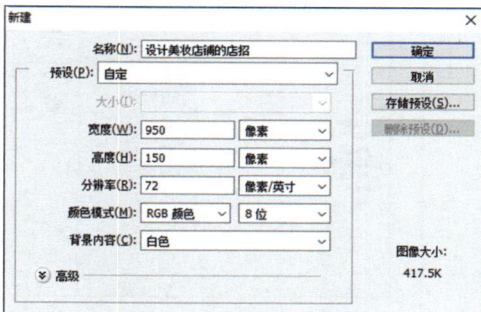

步骤 02 打开"素材文件 \ 第 5 章 \01.jpg"，将其导入到图像窗口中，按【Ctrl+T】组合键调出变换框，适当调整图像的大小，使其作为店招背景铺满整个图像窗口，如图 5-11 所示。

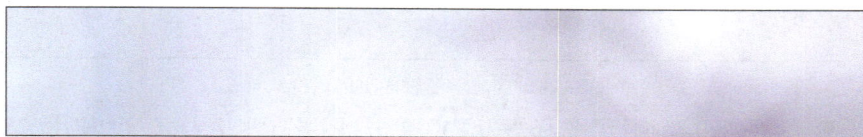

图5-10 "新建"对话框

图5-11 添加背景素材

步骤 03 打开"素材文件 \ 第 5 章 \02.png、03.png"，将 Logo 和天猫素材分别导入到图像窗口中，按【Ctrl+T】组合键调出变换框，调整它们的大小和位置，然后设置天猫素材的图层混合模式为"滤色"，"不透明度"为 50%，如图 5-12 所示。

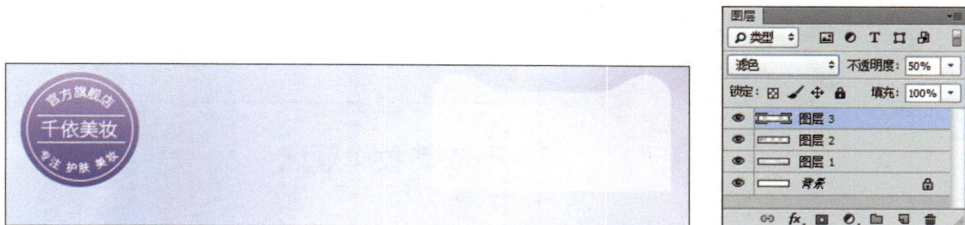

图5-12 添加Logo和天猫素材

步骤 **04** 使用横排文字工具在店招上方输入"千依美妆旗舰店"，并在"字符"面板中设置文字属性，其中文字颜色为RGB（56，0，125），如图5-13所示。

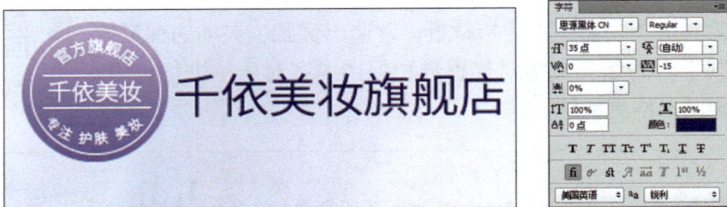

图5-13　添加文字

步骤 **05** 单击"图层"|"图层样式"|"渐变叠加"命令，在弹出的对话框中分别设置"渐变叠加"和"投影"图层样式的各项参数，然后单击"确定"按钮，如图5-14所示。

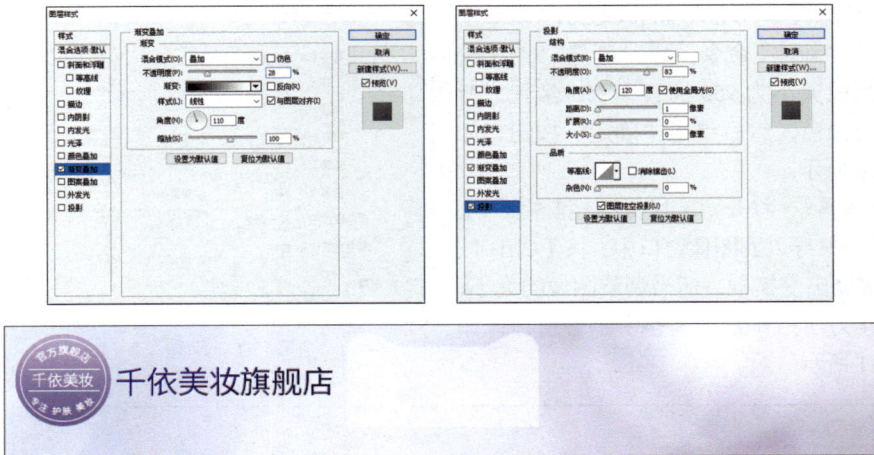

图5-14　为店铺名称添加图层样式

步骤 **06** 在"图层"面板中选择"图层3"，单击"图层"|"图层样式"|"内阴影"命令，在弹出的对话框中设置各项参数，其中阴影颜色为RGB（163，116，220），然后单击"确定"按钮，如图5-15所示。

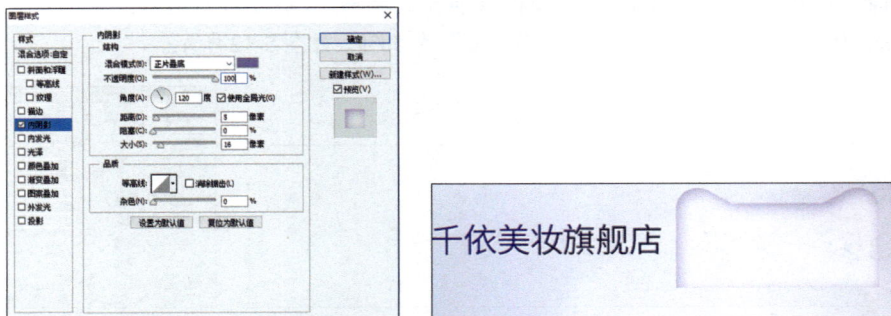

图5-15　为天猫素材添加图层样式

步骤 **07** 使用横排文字工具输入优惠券文字信息，并在"字符"面板中分别设置文字属性，其中文字颜色均为 RGB（125，82，180），如图 5-16 所示。

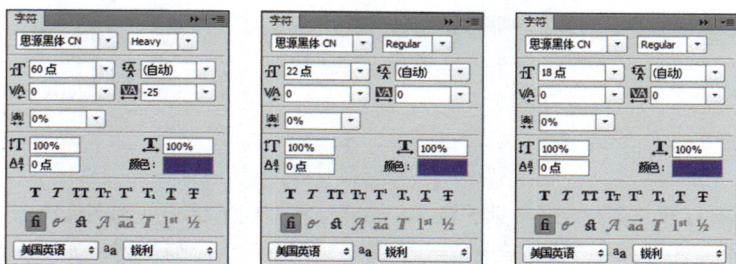

图5-16　添加优惠券文字信息

步骤 **08** 双击"10"文本图层，在弹出的"图层样式"对话框中设置"渐变叠加"图层样式的各项参数，然后单击"确定"按钮，为优惠券添加渐变叠加效果，如图 5-17 所示。

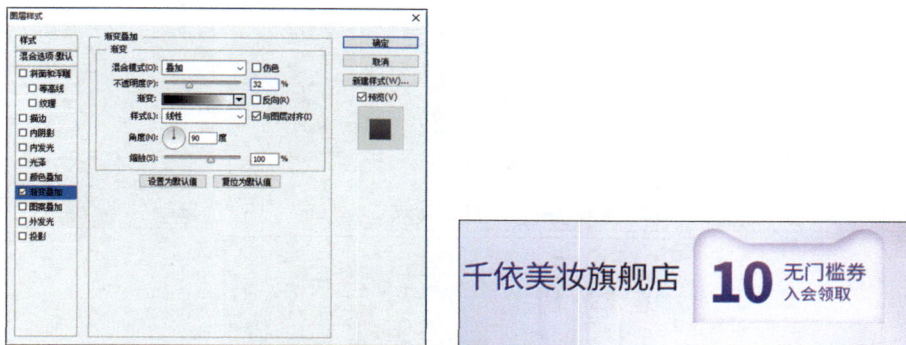

图5-17　为优惠券添加图层样式

步骤 **09** 打开"素材文件 \ 第 5 章 \04.png、05.png"，将素材导入到图像窗口中，按【Ctrl+T】组合键调出变换框，调整其大小与位置，如图 5-18 所示。

图5-18　添加促销商品和修饰图案

步骤 **10** 使用横排文字工具输入"热销推荐"文字，并在"字符"面板中设置文字属性，其中文字颜色为 RGB（65，52，171），如图 5-19 所示。

图5-19　添加热销推荐信息

步骤 ⑪ 打开"素材文件 \ 第 5 章 \06.png"，将按钮素材导入到图像窗口中，作为促销信息的背景，按【Ctrl+T】组合键调出变换框，调整其大小与位置，如图 5-20 所示。

图5-20　添加按钮素材

步骤 ⑫ 使用横排文字工具输入促销文案，并在"字符"面板中设置文字属性，其中文字颜色为 RGB（156，108，217），如图 5-21 所示。

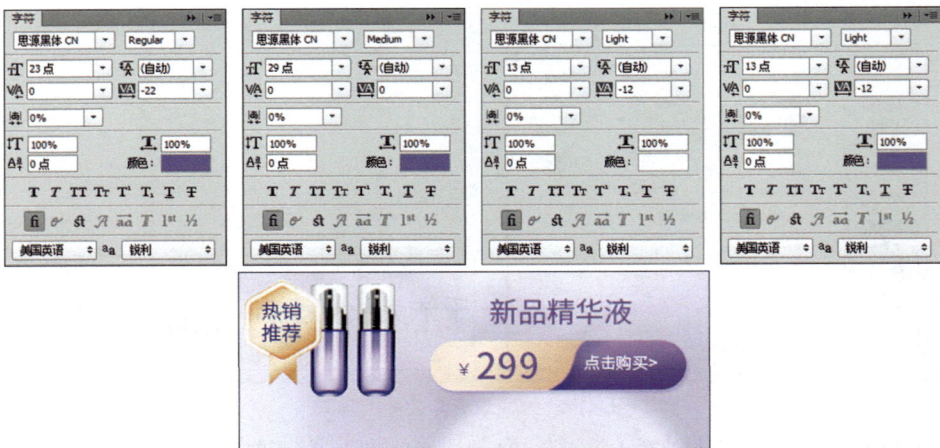

图5-21　添加促销文案

步骤 ⑬ 单击"视图"|"新建参考线"命令，在弹出的对话框中设置"取向"为"水平"，"位置"为 120 像素，然后单击"确定"按钮。选择矩形工具，绘制一个矩形，并填充颜色为 RGB（146，96，208），作为导航条的背景，如图 5-22 所示。

图5-22　绘制导航条背景

步骤 ⑭ 选择圆角矩形工具，在其工具属性栏中设置填充颜色为RGB（206，166，255），"半径"为50像素，绘制一个圆角矩形。使用横排文字工具输入导航文字，并在"字符"面板中设置文字属性，最终效果如图5-23所示。

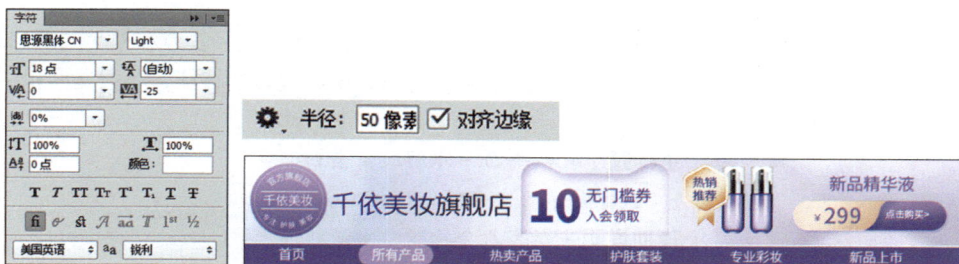

图5-23　添加导航文字

5.2　首焦轮播区文案与视觉营销设计

店招与导航条的下方是店铺首页的首焦轮播区，这个模块占据的面积较大，可以放入较多的信息，也是整个网店首页中最为醒目的部分。做好首焦轮播区的文案策划与视觉营销设计对于提高店铺对消费者的吸引力有着重要的作用。

5.2.1　首焦轮播区文案的策划

海报是一种具有视觉冲击力的宣传工具，它通过文字和图片元素的组合向消费者传递信息，以提升消费者对商品的认知，从而激发他们的购买欲望。在店铺首页的首焦轮播区中放置单张海报可以在一定程度上聚焦消费者的视线，激发消费者的购买欲望，并引导消费者下单，如图5-24所示。

首焦轮播区：该位置由于所占面积较大，所以成为最能吸引消费者眼球的位置

图5-24　首焦轮播区海报

文案作为传递信息的载体，直接决定着首焦轮播区海报的成败。文案创作者在写作海报文案时有两个关键点，一是要写好主标题，二是要提升文案的吸引力。

1．写好主标题

一张好的海报包含品牌名称、主标题、副标题、辅助说明、商品卖点和精美的图片。图 5-25 所示为网店中的海报，图片用金色基调凸显出奶粉新包装的特征，海报文案也一目了然、简明扼要。

主标题：乳铁蛋白＋水解乳清蛋白。
副标题：给宝宝双倍呵护力。
辅助说明：新客入会抢赠多重好礼。
商品卖点：新包装，配方不变。

图5-25　网店中的海报

一张优秀的海报少不了一个出色的主标题。消费者看海报最先看到的就是主标题，如果主标题不能第一时间吸引消费者眼球，消费者就会失去继续访问页面的意愿，从而离开页面。可见，海报是否可以成功地对消费者进行营销，很大程度上取决于主标题是否足够吸引消费者并激发其好奇心。因此，文案创作者在写作海报文案时，写出一个非常吸引人的主标题就显得非常重要了。

例如，某款口红的海报中，主标题是"夏日果汁唇　清透水润感"，文案直接点明了商品的特点，能够吸引消费者进行点击，如图 5-26 所示。

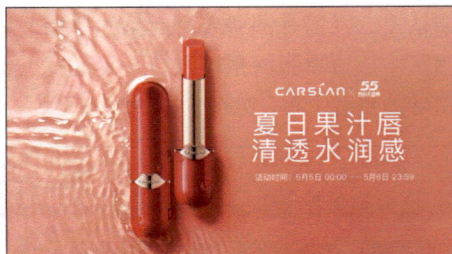

图5-26　写好海报主标题

2．提升文案的吸引力

司空见惯的"新品大促""超值优惠""疯狂打折"等文案已经无法吸引消费者的关注，具有创意的文案才能让人耳目一新，让人愿意点击。下面简要介绍 3 种提升文案吸引力的方法。

（1）设悬念

布下疑阵，使消费者乍一看海报不解其意，产生一种猜疑、紧张的心理状态，在其心里掀起层层波澜，驱动消费者产生强烈的好奇心，引起消费者产生进一步探明海报题意的强烈愿望，然后通过海报文案标题或正文点明海报的主题，使悬念得以解除，给消费者留下难忘的心理感受。

（2）突出商品特征

文案创作者在运用创意写作手法时，需要抓住和强调商品或主题本身与众不同的特征，并把它鲜明地表现出来，将这些特征置于海报画面的主要视觉部位，或者采用合适的方法来烘托商品的特征，使消费者在接触画面的瞬间立即感受到其独特性，引起消费者的视觉兴趣，达到刺激其购买欲望的目的。

例如，某品牌保温杯的海报中，文案创作者利用"今日份可爱　你喝了吗？"这样的创意主题来突出保温杯可爱的特征，如图5-27所示。

（3）借力热点话题

网店海报往往占据网店首页的核心位置，为了吸引消费者的注意，海报内容通常会与社会流行的热点话题、热门影视剧等相联系。例如，海信借助当时的热点话题"奥运会"而制作的网店海报，成功地吸引了消费者的眼球，如图5-28所示。

图5-27　突出商品特征

图5-28　借力热点话题

5.2.2　首焦轮播区的视觉营销设计

首焦轮播区的视觉效果直接影响着网店首页的导流能力，直接关系着相关商品的点击率。商家能否将首页的消费者成功引导到详情页面，与首焦轮播图的视觉效果息息相关。

1. 首焦轮播区内容的表现形式

首焦轮播区是消费者进入店铺后第一时间看到的位置，如果这个位置的内容能够抓住消费者的眼球，会大大提高消费者继续浏览店铺页面的可能性。相较于在首焦轮播区使用大量文字说明的布局安排，"图片＋文字"的设计形式更符合消费者追求轻松阅读与轻松购物的心理。

图5-29所示的店铺在首页的首焦轮播区安排了以文字为主要表现形式的店铺介绍，

但消费者或许并不会阅读这些信息，因为过多的文字可能会让他们失去浏览的耐心，而且消费者在进入店铺后迫切想了解的是商品信息，而非店铺介绍，所以这样的表现形式与内容安排并不足以在第一时间聚焦消费者的目光。相反，图 5-30 所示的首焦位置的内容安排与表现有利于让消费者产生进一步浏览店铺的欲望。

图5-29　以文字为主要表现形式的首焦内容

有趣的图片展示，能让消费者通过视觉获得较为愉悦的体验

文案信息告知了消费者店铺中的优惠活动，因为店铺的优惠活动信息对于大部分消费者而言都是具有吸引力的。同时，简洁的文字与装饰图形的结合让消费者能够轻松地获取相关信息

图5-30　图文结合形式的首焦内容

2. 首焦轮播图中各要素的设计

店铺首页首焦轮播图基本上都是由 3 个要素组成的，即唯美的背景，完整、精致的商品形象，以及精心编排的广告文案，如图 5-31 所示。

活动时间:10.20-10.22

呵护肌肤
告别干皮

买2盒送1盒

活动时间:10.20-10.22

呵护肌肤
告别干皮

买2盒送1盒

商品　　　　　　　背景　　　　　　　广告文案

图5-31　首焦轮播图的3个要素

首焦轮播图的背景要与商品的形象保持一致的风格，或者能够烘托出某种特定的气氛。图 5-32 所示分别为以节日为主题和以店铺活动为主题的背景。

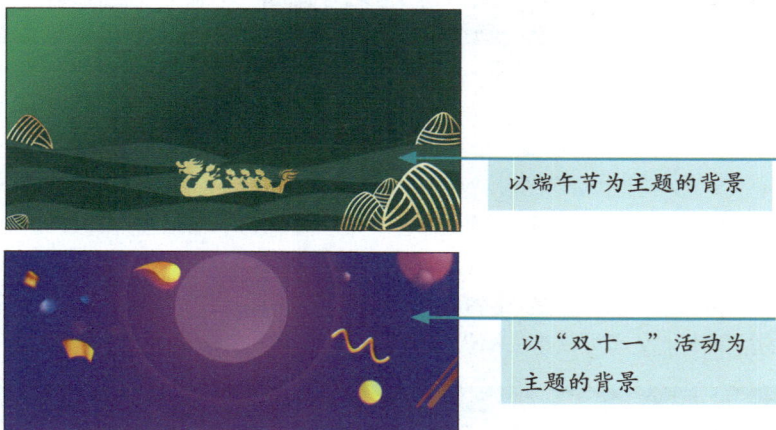

以端午节为主题的背景

以"双十一"活动为
主题的背景

图5-32　不同主题的背景

首焦轮播图中的商品形象是商品和消费者的"初次见面"，色彩得当、画质清晰的商品图能够树立良好的商品形象。因此，商家要对首焦轮播图中的商品形象图进行色调和光影处理，以展现商品的色彩和品质，商家也可以根据背景和文字的风格对图片中的商品形象进行适当的修饰。

图 5-33 所示为进行色调和光影处理前和处理后的商品形象图对比，经过色调和光影处理的图片中的商品形象更能打动人心。

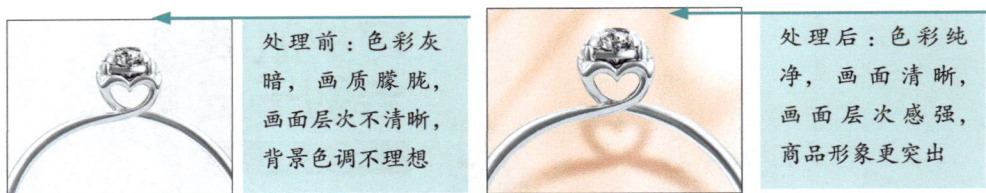

处理前：色彩灰暗，画质朦胧，画面层次不清晰，背景色调不理想

处理后：色彩纯净，画面清晰，画面层次感强，商品形象更突出

图5-33　处理前后的商品形象图对比

文字是首焦轮播图设计中不可或缺的重要元素，很多不能用图片表达的信息都需要通过文字来传达，如活动的内容、商品的名称、商品的价格等。因此，艺术化的文字编排在首焦轮播图的设计中显得尤为重要。

图 5-34 所示为几种风格的首焦轮播图文字元素的设计效果，从中可以看出文字的字体与字号、色彩的变化等是设计中最为关键的环节。

图5-34　文字元素的设计效果

3．溶图的应用

背景是决定整个首焦轮播图设计成败的关键，很多情况下商家设计的首焦轮播图并不是针对节日来设计的，轮播图的氛围感会不太明显。为了增强图片背景的氛围感，商家可以使用溶图。

溶图是用两张或两张以上的图片拼合起来的一种图片，讲究构图严谨，细节处理得当。制作精良的溶图配上文字可以是一幅优美的艺术作品。图 5-35 所示为两张溶图。

图5-35　溶图

商家在选择溶图时要注意，要么溶图的色调与商品相似，要么溶图与商品能够和谐搭配，只有满足其中一个要求，才能保证首焦轮播图具备较为理想的视觉冲击力和浑然天成的视觉效果。

课堂练习1：分析口腔护理用品店铺首焦轮播区海报设计

图 5-36 所示为某品牌口腔护理用品店铺的首焦轮播区的海报，请分别从整体构图、背景颜色、文案等方面对其进行分析。

图5-36　口腔护理用品店铺首焦轮播区的海报

● 整体构图分析

该海报将商品主体分散成单独的散点，形成商品数量丰富的视觉效果。整个画面的设计元素和谐融洽，商品、文案等信息凸显于背景之上，占据了海报的中心位置，成为消费者的视觉焦点。

● 背景颜色分析

海报使用高明度的色彩来增强画面的亲近感，在设计过程中通过使用不同饱和度、明度的绿色和黄色来让画面显得层次分明，增加了画面的轻松和淡雅之感。

● 文案分析

海报中的文字介绍了商品的主推卖点"用专业的护理　为牙齿保驾护航"，配合商品展现出品牌的定位，把商品信息和店铺风格展现得更加立体。"满199减100"文案占据着第一视觉中心点，且将文字颜色设置为红色，向消费者最直接地传达促销力度大的主题。

课堂练习2：设计驼奶粉店铺的首焦轮播图

下面设计某驼奶粉店铺的首焦轮播图，如图 5-37 所示。该图在色彩搭配上采用了不同明度的蓝色和黄色，营造出一种天然、健康的感觉。在设计过程中，使用飞溅的牛奶、金色气泡及光效等素材来进行排版，使画面更有设计感。"益生菌配方 纯驼奶粉"作为海报主标题，准确地表达出活动主题，吸引消费者进行点击。

图5-37　驼奶粉店铺的首焦轮播图

步骤 01　在 Photoshop CC2013 中单击"文件"|"新建"命令，弹出"新建"对话框，设置图像大小为 1920 像素 ×900 像素，背景色为白色，然后单击"确定"按钮，如图 5-38 所示。

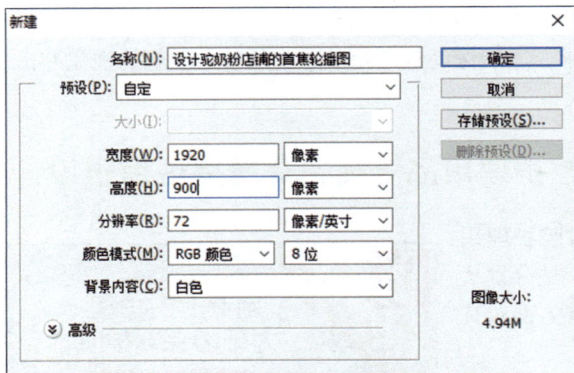

图5-38 "新建"对话框

步骤 02 打开"素材文件 \ 第 5 章 \07.jpg"，将其导入图像窗口中作为背景，按【Ctrl+T】组合键调出变换框，适当调整其大小与位置，效果如图 5-39 所示。

图5-39 添加背景素材

步骤 03 打开"素材文件 \ 第 5 章 \08.png、09.png、10.png"，将商品和装饰素材分别导入到图像窗口中，按【Ctrl+T】组合键调出变换框，适当调整素材的大小与位置，如图 5-40 所示。

图5-40 添加商品和装饰素材

步骤 04 打开"素材文件 \ 第 5 章 \11.png"，将其导入图像窗口中，设置图层混合模式为"滤色"，为商品添加光效环绕效果，如图 5-41 所示。

图5-41 添加光效素材

步骤 05 在"图层"面板中双击"图层3",在弹出的"图层样式"对话框中设置"投影"图层样式的各项参数,然后单击"确定"按钮,如图5-42所示。

图5-42 添加"投影"图层样式

步骤 06 打开"素材文件 \ 第5章 \12.png",将其导入图像窗口中,按两次【Ctrl+J】组合键复制两个装饰素材,按【Ctrl+T】组合键调出变换框,分别调整素材的大小和位置,如图5-43所示。

图5-43 导入并复制装饰素材

步骤 07 使用横排文字工具输入文字"蛋白质""能量""脂肪"，在"字符"面板中分别对文字属性进行设置，其中文字颜色为 RGB（153，97，56），如图 5-44 所示。

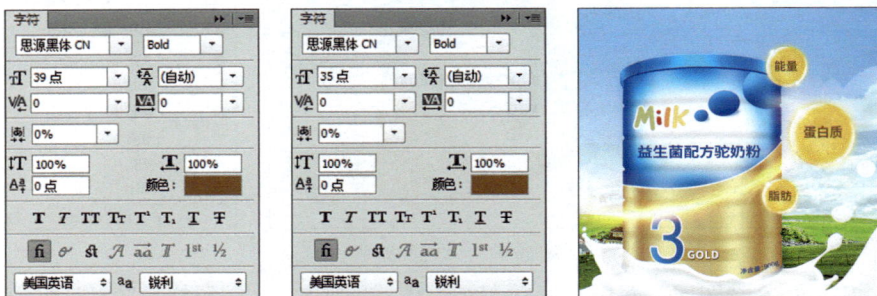

图5-44 添加文字

步骤 08 在"图层"面板中双击"蛋白质"文本图层，在弹出的"图层样式"对话框中设置"渐变叠加"和"投影"图层样式的各项参数，然后单击"确定"按钮，如图 5-45 所示。

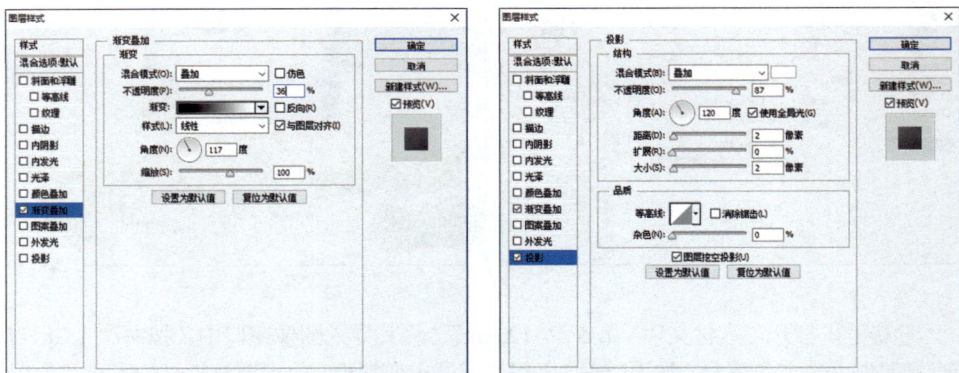

图5-45 为文字添加图层样式

步骤 09 用右键单击"蛋白质"文本图层，在弹出的快捷菜单中选择"拷贝图层样式"命令，然后按住【Ctrl】键的同时选择"能量"和"脂肪"文本图层并用右键单击，在弹出的快捷菜单中选择"粘贴图层样式"命令，如图 5-46 所示。

图5-46 复制并粘贴图层样式

步骤 ⑩ 打开"素材文件 \ 第 5 章 \13.png、14.png"，将其分别导入图像窗口中，按【Ctrl+T】组合键调出变换框，分别调整其大小，设置"图层 7"的图层混合模式为"叠加"，如图 5-47 所示。

图5-47 添加素材并设置图层混合模式

步骤 ⑪ 在"图层"面板下方单击"创建新图层"按钮，得到"图层 9"。设置前景色为黑色，按【Alt+Delete】组合键进行填充，如图 5-48 所示。

图5-48 新建图层并填充

步骤 ⑫ 单击"滤镜"|"渲染"|"镜头光晕"命令，在弹出的"镜头光晕"对话框中设置各项参数，然后单击"确定"按钮，如图 5-49 所示。

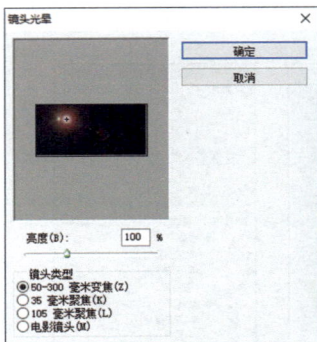

图5-49　添加"镜头光晕"滤镜

步骤 13 在"图层"面板中设置"图层 9"的图层混合模式为"滤色"，使用移动工具将光效移到合适的位置，如图 5-50 所示。

图5-50　设置图层混合模式

步骤 14 使用横排文字工具在画布的左侧位置输入文字"Camel milk powder""益生菌配方""纯驼奶粉""健康营养•不含蔗糖"，在"字符"面板中分别对文字属性进行设置，其中文字颜色分别为白色、RGB（68，147，237）、RGB（68，147，237）和 RGB（149，87，60），如图 5-51 所示。

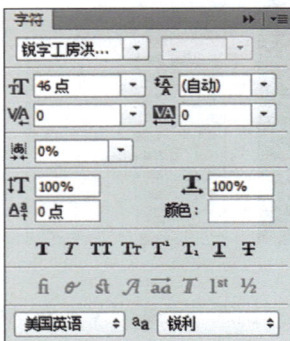

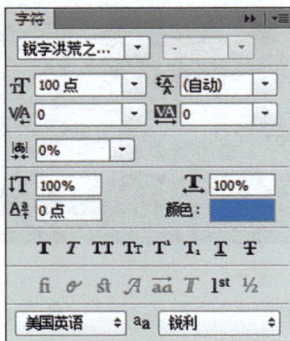

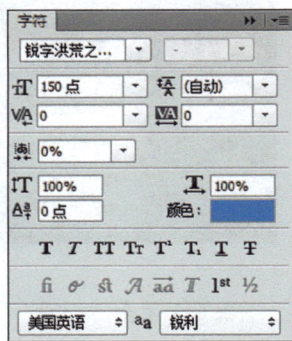

图5-51　添加主题文字

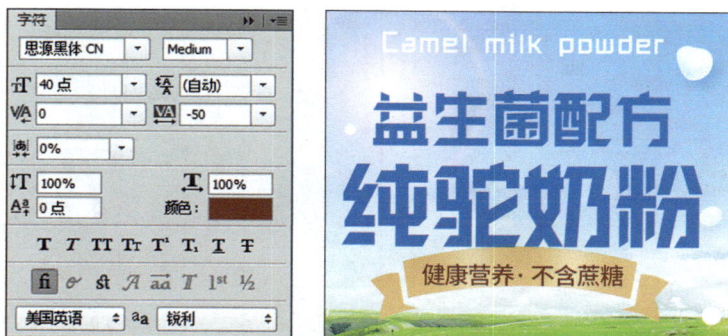

图5-51 添加主题文字（续）

步骤15 在"图层"面板中按住【Ctrl】键的同时选中"益生菌配方""纯驼奶粉""健康营养·不含蔗糖"文本图层，单击"类型"|"文字变形"命令，在弹出的"文字变形"对话框中设置各项参数，然后单击"确定"按钮，如图5-52所示。

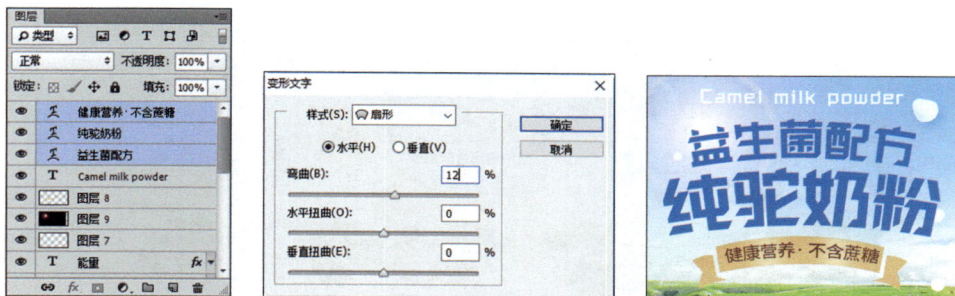

图5-52 创建变形文字

步骤16 选择"纯驼奶粉"文本图层，单击"图层"|"图层样式"|"描边"命令，在弹出的对话框中分别设置"描边""渐变叠加"和"投影"图层样式的各项参数，然后单击"确定"按钮，如图5-53所示。

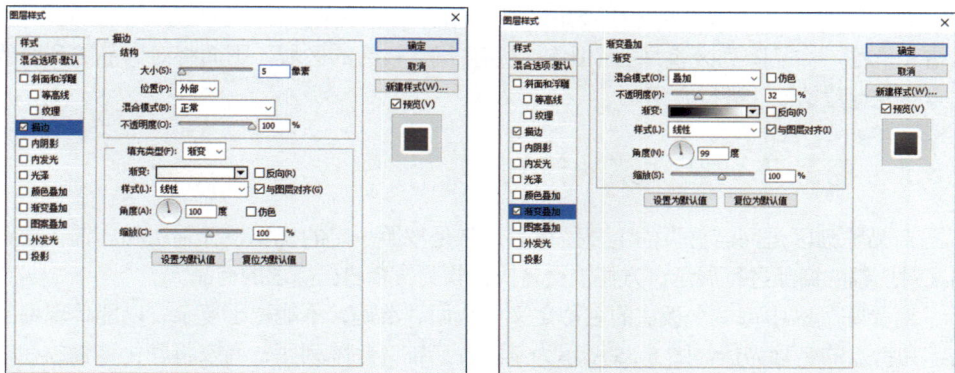

图5-53 为主题文字添加图层样式

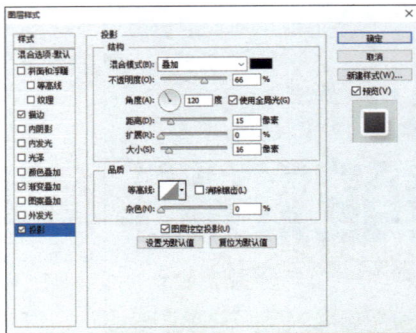

图5-53　为主题文字添加图层样式（续）

步骤 17 用右键单击"纯驼奶粉"文本图层，在弹出的快捷菜单中选择"拷贝图层样式"命令，然后选择"益生菌配方"文本图层并用右键单击，在弹出的快捷菜单中选择"粘贴图层样式"命令，此时即可得到最终效果，如图5-54所示。

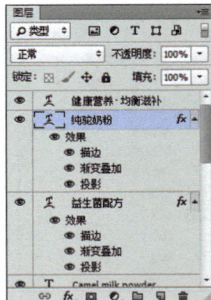

图5-54　最终效果

5.3　商品陈列区文案与视觉营销设计

在店铺首页中，商品陈列区主要用来展示商品，让消费者大致了解店铺中商品的形象、风格和价格。商品陈列区也是一个比较重要且尺寸较大的区域，下面将对商品陈列区的文案与视觉营销设计进行介绍。

5.3.1　商品陈列区文案的策划

商品陈列区是网店首页的主要区域，通常是按照一定的视觉设计手法和店铺经营策略来对店铺的商品进行展示，方便消费者快速找到符合自己需求的商品。

商品陈列区中每一个板块的名称定义要全面、准确，不能过于复杂，以能体现商品名字和特点的名称为佳。图5-55所示为某零食店铺商品陈列区，商家将膨化零食放在一起，糖果放在一起，饼干糕点放在一起，方便面食放在一起，这样的设计方式能使消费者对店铺所销售的商品类别和具体商品一目了然。

图5-55 某零食店铺商品陈列区

5.3.2 商品陈列区视觉营销设计

商品图片的布局是影响商品陈列区版式的关键，也是确立首页风格的关键。为了吸引消费者的眼球，商家可以根据商品的功能、外形特点和设计风格来对商品陈列区的布局进行精心的规划与设计，将店铺中的商品艺术化地展现出来。

1. 传统型布局

许多商家习惯将商品展示图片整齐划一地排列在店铺首页之中，如图5-56所示。之所以选择这种方式，可能是因为这些商家认为与将商品乱七八糟地摆放相比，消费者更愿意看到整齐排列的商品货架。

这种整齐划一的布局方式是一种比较保守、保险与传统的布局方式，设计时也简单、方便。在具体操作中，商家采用传统布局时需要注意一些事项。

在日常生活中，人们已经习惯了从左向右、从上到下的阅读模式，人们的这种习惯也延续到了网页上，大多数情况下，消费者受浏览经验与习惯的影响，都会不由自主地以F形浏览模式阅读网页，如图5-57所示。

图5-56 整齐排列的商品陈列图

因此，商家在设计商品陈列区图片的排列方式时，要首先使用整洁的排列让消费者获得轻松感，在此基础上还要注意图片不宜过多，横排图片最好不要超过 5 张，因为过多的图片容易让消费者感到浏览压力并产生疲倦感。

除此之外，商家可以使用灵活多变的排列方式使页面形成视觉动线，这样也能减少过于死板的排列组合带来的乏味感，如图 5-58 所示。

① 浏览初期，视线水平移动，且浏览范围最大。刚开始浏览时，消费者对商品展示图充满了新鲜感和好奇，很可能将第一排图片全部浏览完，并根据从上到下的浏览经验，转向浏览第二排图片

② 水平浏览范围缩小。此时图片的布局没有任何变化，消费者对于图片浏览的新鲜感就会降低，开始失去浏览的耐心，于是对第二排图片的水平浏览范围便会缩小

③ 失去耐心，开始进行垂直浏览。当消费者看到第三排仍然是一成不变的图片排列后，浏览的耐心就会更少，还可能会想，"图片怎么这么多，大概往下看看吧"，于是开始只对左边进行垂直浏览

图5-57　F形浏览模式

图 5-58 所示的商品陈列区的布局打破了横排图片以固定的数量单一摆放的形式，灵活的排列组合形成了视觉动线，不仅能够缓解消费者在浏览时产生的枯燥感，让消费者可以更多地注意到所展示的商品图片，还让商品的展示有了主次的层级关系——主要的商品被放在顶端且展示面积较大，次要的商品则靠后展示且展示面积较小。在末端又通过单张图片缓和了消费者眼球左右移动的频率，让消费者的视线集中于单张图片上。这种商品展示图片的布局方式既能让消费者获得较为轻松与清晰的浏览体验，又能持续聚焦消费者的注意力。

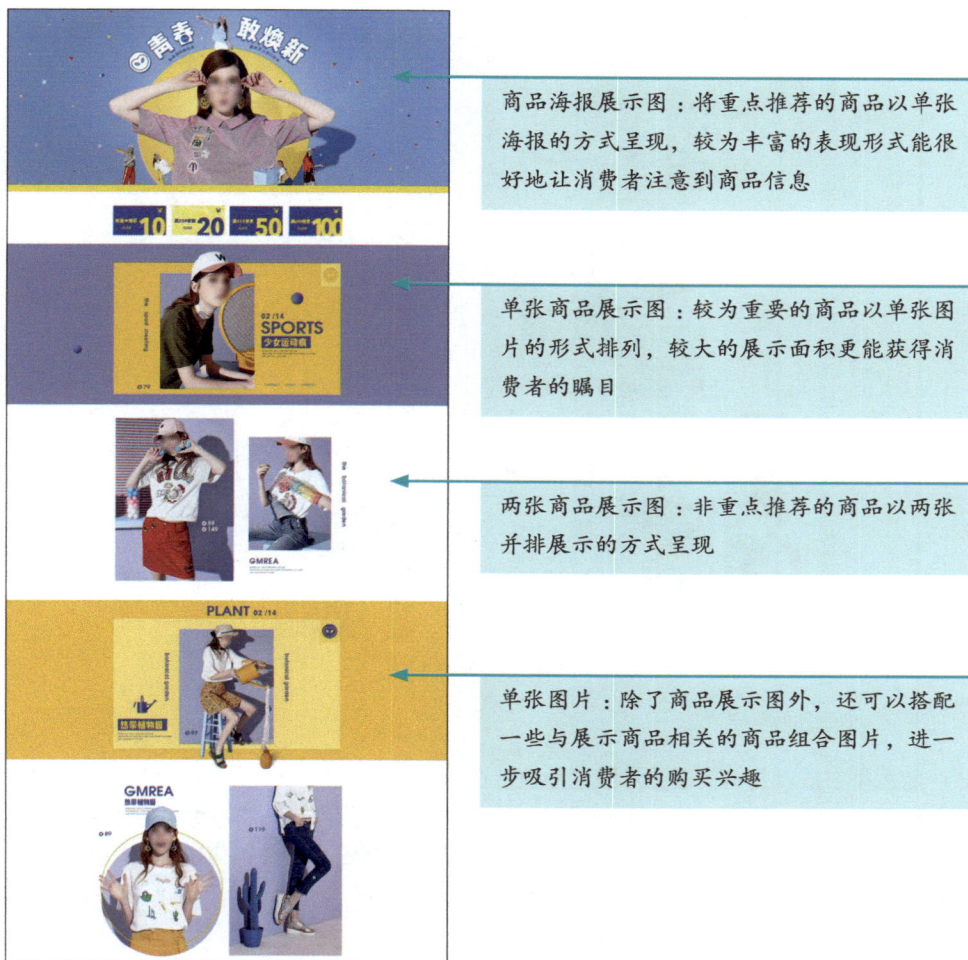

商品海报展示图：将重点推荐的商品以单张海报的方式呈现，较为丰富的表现形式能很好地让消费者注意到商品信息

单张商品展示图：较为重要的商品以单张图片的形式排列，较大的展示面积更能获得消费者的瞩目

两张商品展示图：非重点推荐的商品以两张并排展示的方式呈现

单张图片：除了商品展示图外，还可以搭配一些与展示商品相关的商品组合图片，进一步吸引消费者的购买兴趣

图5-58 商品陈列区图片的布局

在互联网时代，消费者也形成了互联网行为模式，他们青睐快速、轻松的阅读体验，所以商家在进行视觉营销设计时，也要尽可能地为消费者营造这样的阅读环境。同时也要明白，并不是商品信息摆放越多，商品被售出的可能性就越大，如果这些商品信息不能被消费者关注，放置再多的内容也是徒劳的。尽可能地让所展示的商品信息被消费者看到，并聚焦他们的注意力，提高所展示商品的转化率，这才是视觉营销设计要达到的真正目的。

2．折线型布局

折线型布局就是将商品图片按照错位的方式进行排列，简化后的折线型布局如图 5-59 所示。从图中可以看出，消费者的视线会沿着商品图片做折线运动。这样的布局方式能够给人一种清爽、利落的感觉，具有韵律感。

图5-59　折线型布局

3．随意型布局

随意型布局就是将商品图片随意地放置在页面中，如图 5-60 所示。但是，这种随意往往需要营造出一种特定的氛围和感觉，让这些商品之间产生一种联系，否则画面中的商品会由于缺乏联系而显得杂乱。随意型布局在女装搭配、组合销售中使用较多，是一种灵活性较强的布局方式。

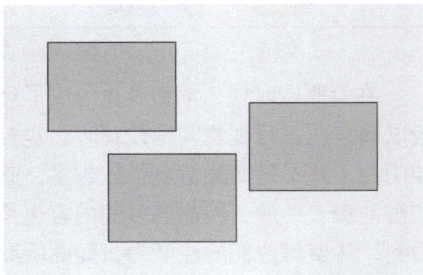

图5-60　随意型布局

课堂练习1：分析女包店铺商品陈列区的设计

图 5-61 所示为某品牌女包店铺的商品陈列区，请分别从整体风格、布局、商品图片等方面对其进行分析。

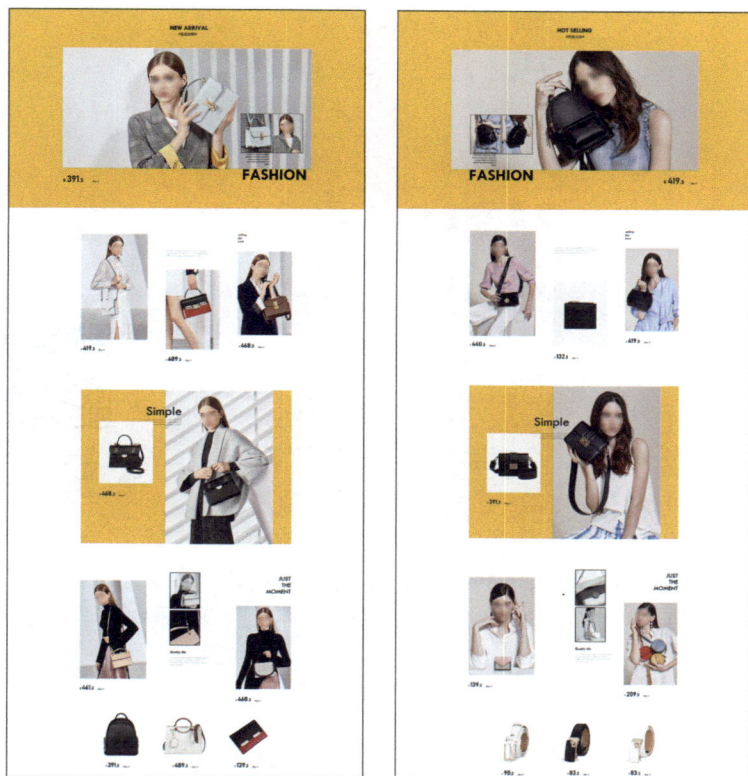

图5-61　女包店铺商品陈列区

● 整体风格分析

商品陈列区中的商品风格统一，通过面积大小不同的区域来体现商品的主次，简洁、简单的排列给消费者带来轻松、舒适的视觉体验。

● 布局分析

采用随意型布局，避免形成死板的视觉风格，增加了页面视觉展现的节奏感。一横排中陈列的商品图片不超过 4 个，避免了过多的商品信息给消费者带来不好的浏览体验。

● 商品图片分析

商品陈列区中的"新品尝鲜"和"热卖尖货"两个板块界限清晰，陈列的商品图片既美观、大气，又能展示出商品的特征。

课堂练习2：设计女士手表店铺的商品陈列区

下面以品牌女士手表店铺为例，介绍商品陈列区的设计方法，最终效果如图 5-62 所示。画面主色调采用粉红色，营造出明亮、简约、大气的视觉效果，这样的颜色设计很容易吸引买家的注意力。最后使用同色系的"点击购买"按钮作为点缀，提高画面整体的设计感。

图5-62　女士手表店铺商品陈列区

步骤 01 在 Photoshop CC2013 中单击"文件"|"新建"命令，弹出"新建"对话框，设置图像大小为 1920 像素 ×2900 像素，背景色为白色，然后单击"确定"按钮，如图 5-63 所示。

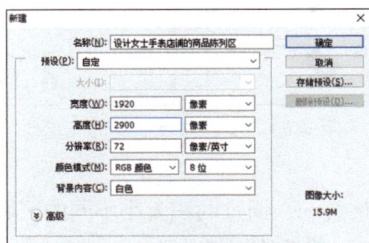

图5-63　"新建"对话框

步骤 02 设置前景色为 RGB（231，169，146），按【Alt+Delete】组合键填充"背景"图层，如图 5-64 所示。

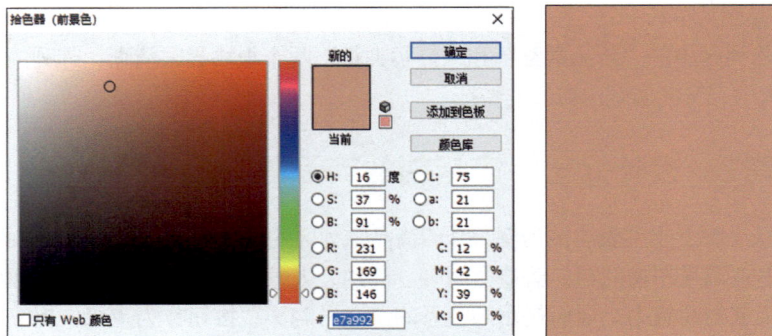

图5-64　填充背景颜色

步骤 **03** 使用矩形工具在图像窗口中绘制一个矩形，作为商品的背景，在"属性"面板中设置各项参数，如图 **5-65** 所示。

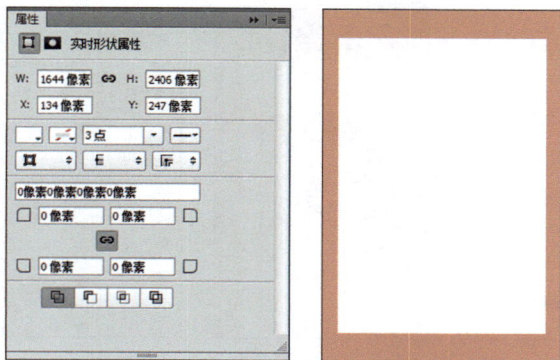

图5-65　绘制矩形

步骤 **04** 使用矩形工具在图像窗口中绘制一大一小 2 个矩形，并将它们填充为灰色，按【Ctrl+J】组合键复制一个小的矩形，并移到合适的位置，如图 5-66 所示。

图5-66　绘制矩形并填充颜色

步骤 **05** 打开"素材文件 \ 第 5 章 \15.jpg"，将手表素材导入图像窗口中，并按【Ctrl+T】组合键调出变换框,适当调整其大小和位置,然后单击"图层"|"创建剪贴蒙版"命令，如图 5-67 所示。

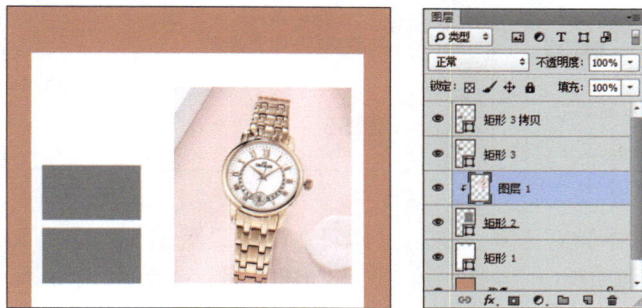

图5-67　添加手表素材并创建剪贴蒙版

步骤 06 采用同样的操作方法，导入其他商品素材"16.jpg 和 17.jpg"，然后单击"图层"|"创建剪贴蒙版"命令，为它们创建剪贴蒙版，如图 5-68 所示。

图5-68 添加其他商品素材并创建剪贴蒙版

步骤 07 选择横排文字工具，在窗口左上角单击并输入所需的文字，在"字符"面板中分别对文字属性进行设置。在"图层"面板中设置"追求简约但不简单的设计"文本图层的"不透明度"为 70%，如图 5-69 所示。

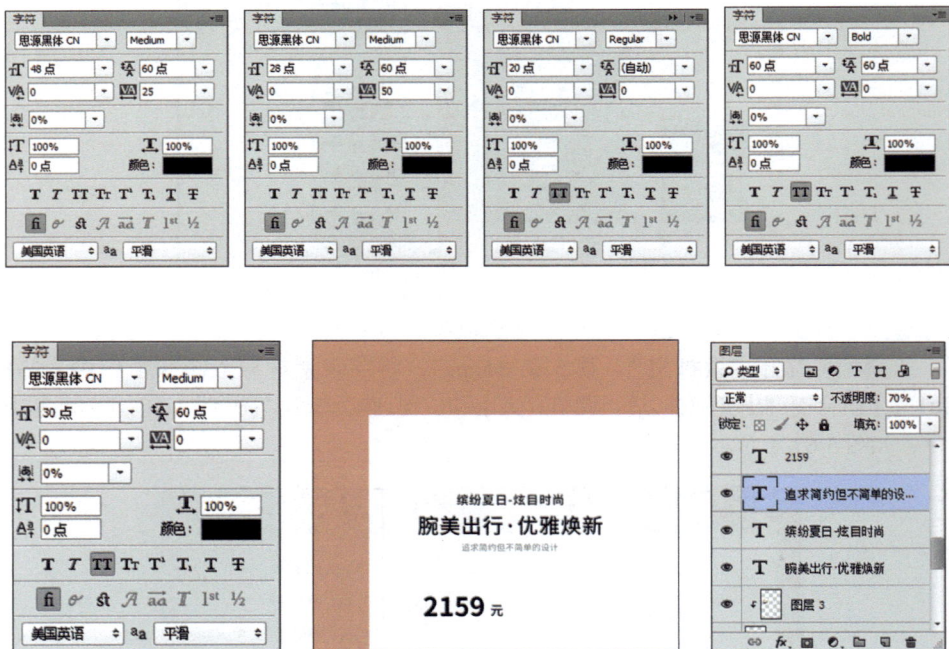

图5-69 添加文字

步骤 08 选择椭圆工具，在其工具属性栏中设置填充颜色为 RGB（231，169，146），在文字左侧绘制一个小圆，按 3 次【Ctrl+J】组合键复制 3 个小圆，并将它们移到合适的位置作为修饰，如图 5-70 所示。

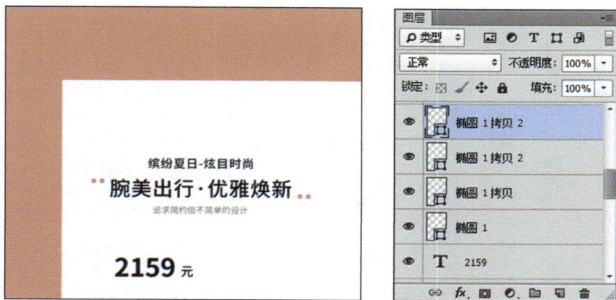

图5-70　绘制装饰图形

步骤 **09** 选择圆角矩形工具,在其工具属性栏中设置颜色为 RGB(231,169,146),"半径"为 50 像素,绘制一个圆角矩形按钮。选择横排文字工具,输入"点击购买"文字,在"字符"面板中设置文字属性,如图 5-71 所示。

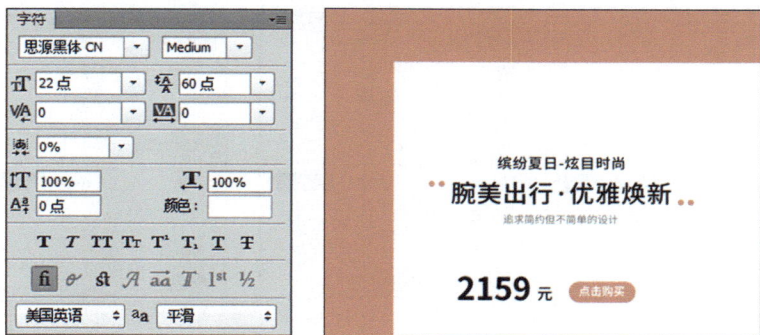

图5-71　制作"点击购买"按钮

步骤 **10** 使用矩形工具在窗口下方绘制一个矩形,设置其填充颜色为 RGB(249,233,227),按【Ctrl+J】组合键复制并移动矩形,作为推荐商品的背景,如图 5-72 所示。

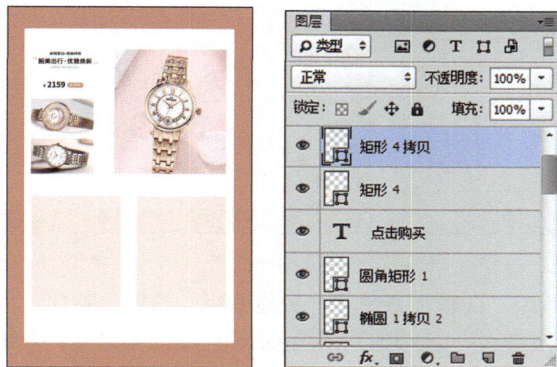

图5-72　绘制矩形

步骤 **11** 打开"素材文件 \ 第 5 章 \18.png、19.png",将商品素材导入图像窗口中,并按【Ctrl+T】组合键调出变换框,适当调整其大小和位置,如图 5-73 所示。

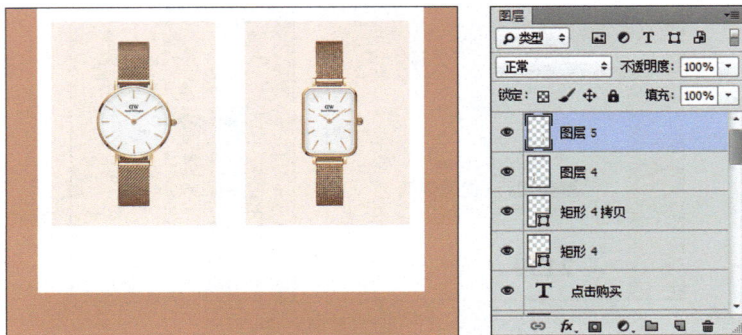

图5-73　添加商品素材

步骤 ⑫ 选择圆角矩形工具，绘制一个圆角矩形按钮。选择横排文字工具，输入价格和"点击购买"文字，在"字符"面板中设置文字属性，如图 5-74 所示。

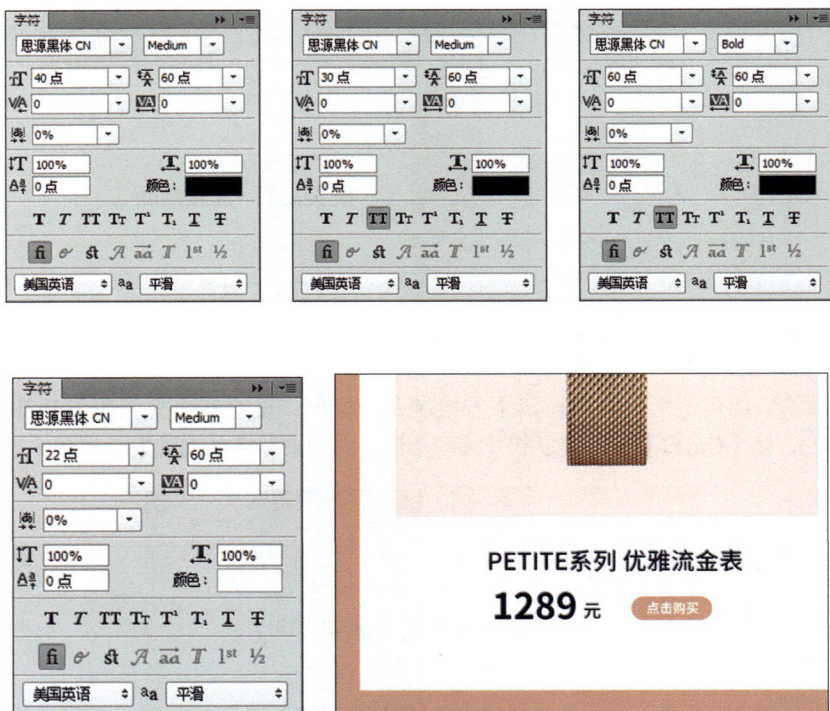

图5-74　制作价格标签和"点击购买"按钮

步骤 ⑬ 在"图层"面板下方单击"创建新组"按钮，新建"组 1"图层组，将制作的价格标签和"点击购买"按钮放到该图层组中。按【Ctrl+J】组合键复制图层组，适当调整"组 1 拷贝"的位置并修改文本内容，即可完成商品陈列区的制作，如图 5-75 所示。

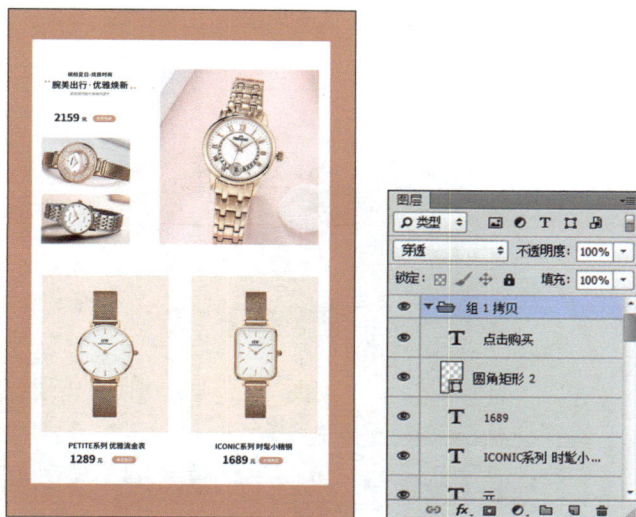

图5-75 最终效果

课后习题

1. 请列举几个你喜欢的店铺首页，并分析其文案与视觉营销设计好在哪里。
2. 请各举出一个折线型布局、随意型布局的商品陈列区实例。
3. 请使用提供的素材为家具类店铺设计首焦轮播图，效果如图 5-76 所示。

图5-76 家具类店铺首焦轮播图

演示视频

第6章

商品详情页文案与视觉营销设计

【学习目标】

➤ 了解商品详情页文案的内容框架。

➤ 掌握撰写商品详情页文案的技巧。

➤ 了解商品细节展示区的表现形式。

➤ 掌握提升商品详情页表现力的技巧。

【素质目标】

➤ 树立诚信意识，不做虚假宣传，不欺瞒消费者。

➤ 增强自身使命感和责任感，做人、做事有担当。

商品详情页是提高网店转化率的重要渠道，好的详情页就如同实体店优秀的推销员一样，能出色地完成推销商品的任务。面对各式各样的消费者，推销员使用语言打动消费者，而详情页则借助视觉效果传达商品的特性，激发消费者的购物欲望。由此可见，做好商品详情页的文案与视觉营销设计对提高商品转化率起着至关重要的作用。

6.1 商品详情页文案的写作

商品详情页是网店中最容易与消费者产生交易和共鸣的地方，优质的商品详情页文案可以激发消费者的购物欲望，赢得消费者对网店的信任感，促使消费者下单，是提高转化率的重要入口。

6.1.1 商品详情页文案的内容框架

商品详情页展示的是商品的详细情况，主要是通过文字、图片等元素全面地展示商品的功能、特性，以及销售、物流、售后等方面的信息，从而增加消费者对商品的兴趣，激发其潜在的需求，引导消费者下单。

商品详情页的内容非常丰富。一般来说，商品详情页文案的内容框架如表 6-1 所示。

表 6-1　商品详情页文案的内容框架

内容框架	作用
创意海报情景大图	符合文案主题，吸引消费者注意
商品卖点 / 功能 / 利益点	简要介绍商品，突出商品能给消费者带来的好处
商品规格参数	商品的款式、尺寸、材质、选择项目、配件等信息
与同类商品对比	商品有别于竞争对手的核心卖点
商品模特 / 全方位展示	场景化图片富有代入感，能拉近与消费者之间的距离
商品细节展示	突出商品制作工艺、质感、品相等
商品资质证书 / 检验结果报告	打消消费者对商品质量的顾虑，增强消费者购买商品的信心
品牌 / 基地实力展示 / 公司介绍	简单说明制造商及品牌的发展历史
商品包装展示 / 售后保障 / 物流	介绍商品的包装、交货、物流、维修等服务保证信息

6.1.2 撰写商品详情页文案的技巧

商品详情页文案是详尽介绍商品的内容，一般分为普通型商品详情页文案、解决痛点型商品详情页文案和故事型商品详情页文案 3 种类型。

1. 普通型商品详情页文案

普通型商品详情文案通常从商品的核心卖点出发，站在消费者的角度，将商品卖点转化为利益点，循序渐进地进行展示，不断增强消费者购买商品的信心。具体来说，普通型商品详情页文案的写作分为以下 5 步。

（1）吸引注意

利用标题和开头吸引消费者，在一开始就指出商品最吸引人的卖点。

（2）提出需求

所有的商品都是可以在某种程度上解决某个问题或者满足消费者某种需求的。例如，空气净化器可以改善空气质量，漂亮的衣服可以提升人的气质，而保暖内衣能够帮助人们御寒。因此，商品详情页文案要先刺激消费者产生某种需求。

（3）将商品定位为问题的解决方案

一旦消费者明白自己确实有需求，文案就得尽快指出商品能够满足他的需求，能够帮助他解决麻烦。

（4）证明并说服消费者购买商品

指出商品或服务能够为消费者带来的实际好处，指出商品能够发挥的功效，告诉消费者要购买该商品的原因。文案创作者可以采取以下方法来提高文案的说服力：利用已购买者的现身说法；将自己的商品与竞争对手的商品做比较，解释为什么自己的商品比同类商品更胜一筹，两者的差异点在哪里；展示能够证明商品优越性的"证据"，用事实说话。最后，让消费者知道商品是值得信赖的，让消费者对商品有足够的信心。

图6-1 办公桌商品详情页文案

（5）促成消费者的实际购买

该部分要突出商品物流及售后服务的便利等信息。

图6-1所示为某款办公桌的商品详情页文案。该文案使用疑问句向消费者提出需求，将消费者代入设置的情境中，激发消费者更换办公桌的欲望，然后商家从4个方面介绍了该款办公桌的功能，为消费者提出解决方案，激发消费者的购买欲。

要想把商品描述得生动有趣，文案创作者就要深入地了解商品，通过文字描述让消费者看到商品的每个细节。此外，除了商品的细节说明以外，文案创作者还可以在文案中介绍商品的设计元素、原料、颜色、商品特点和适用场景等。

普通型商品详情页文案要求商品描述要简洁，商品细节描述要真实。对商品的细节描述要做到既不夸大也不隐瞒，商品描述要符合实际情况，不能弄虚作假，否则可能会给网店带来差评，对电商品牌造成负面影响。

2．解决痛点型商品详情页文案

解决痛点型商品详情页文案就是从目标消费群体的痛点出发来凸显商品价值的。文案创作者在进行商品描述时要换位思考，站在消费者的角度来思考消费者购买这个商品的动机，剖析消费者的购物心理。只有真正找到消费者的痛点，才能以此凸显商品的卖点，加深消费者的认同感。

图6-2所示为一款儿童手推车的商品详情页文案。"**不弯腰 单手一键收车**"从生活场景入手，指出了该款手推车能一键收车的便利性，解决了婴幼儿父母抱孩子时单手收车不方便的痛点；"**4年只需一台车**"指出了该款手推车不同的使用方法，突出了手推车功能多的特点，解决了消费者要求一车多用的痛点。

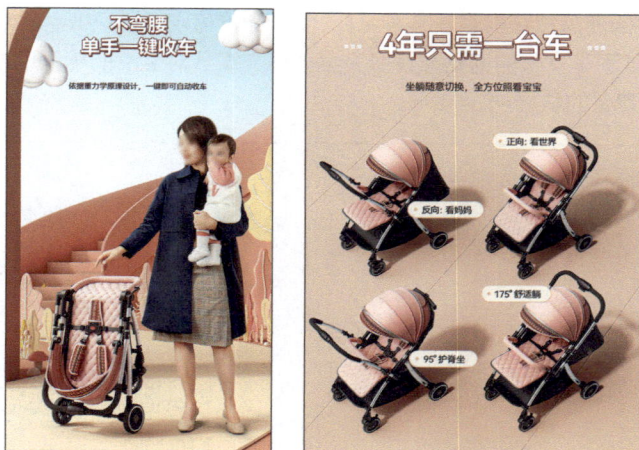

图6-2　儿童手推车商品详情页文案

文案创作者也可以将消费者的痛点转换成解决这个痛点的需求，从而激发消费者的购买欲。文案创作者要从三个步骤做起：第一步，提出一个与消费者切身利益相关的问题；第二步，指出该问题存在的危害性；最后，向消费者售卖解决方案。

图6-3所示为一款折叠干衣机的商品详情页文案。该款折叠干衣机的特点是便携式恒温烘干，所以文案创作者在商品详情页中列出了普通干衣机的缺点，以及衣物晒不干后产生的危害，这就会让消费者产生想要避免这种危害的心理，然后文案创作者在文案中介绍了该款折叠干衣机的优势，为消费者提出了解决问题的方案。

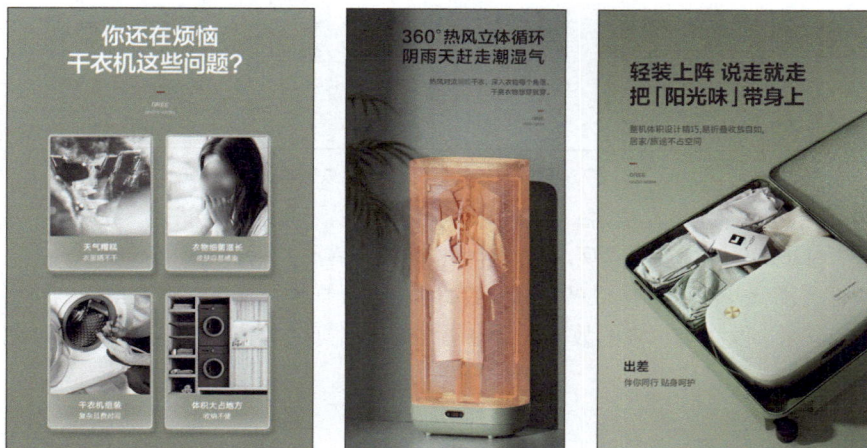

图6-3　折叠干衣机商品详情页文案

3．故事型商品详情页文案

"讲故事卖商品"这种模式在商品详情页设计中越来越常见。如果能讲好故事，为商品添加附加值，消费者就会更加受用。一个优秀的故事必定能调动消费者的情绪，使他们在阅读故事的过程中不知不觉地被潜移默化，认同商品价值，最后产生购买行为。

一个有故事的商品往往承载着某种希望、梦想和价值观，能够引起消费者的情感共鸣。图 6-4 所示为一款手工女包的商品详情页文案。该文案从对生活的感悟出发讲述手工包的价值，激发了消费者的认同感。

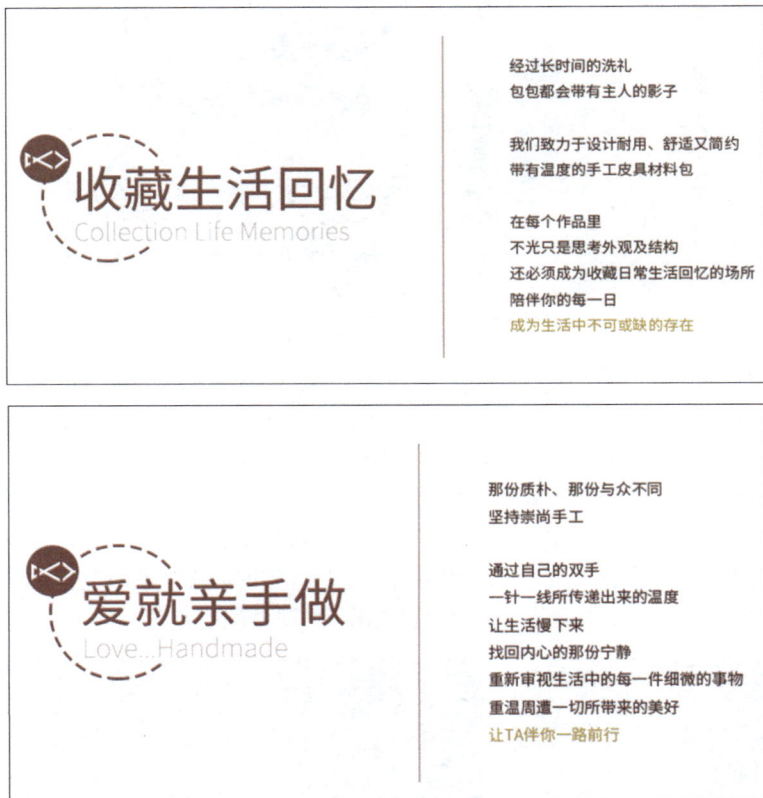

收藏生活回忆
Collection Life Memories

经过长时间的洗礼
包包都会带有主人的影子

我们致力于设计耐用、舒适又简约
带有温度的手工皮具材料包

在每个作品里
不光只是思考外观及结构
还必须成为收藏日常生活回忆的场所
陪伴你的每一日
成为生活中不可或缺的存在

爱就亲手做
Love...Handmade

那份质朴、那份与众不同
坚持崇尚手工

通过自己的双手
一针一线所传递出来的温度
让生活慢下来
找回内心的那份宁静
重新审视生活中的每一件细微的事物
重温周遭一切所带来的美好
让TA伴你一路前行

图6-4　手工女包商品详情页文案

再如，两面针牙膏在推出一款纯中药牙膏时，以牙齿的口吻讲述牙龈肿痛的经历，并发出"别让他伤心了"的感叹，也很容易引发消费者的共鸣，如图 6-5 所示。

下面是海飞丝洗发水在"双十一"活动中的商品详情页文案。该文案向消费者诉说了孩子与父亲、女生与男友的故事，通过感性的故事打动消费者，引发其共鸣，激发其购买欲。

天气越来越冷，

老爸总爱穿深色大衣，

想起老爸的背影，

不是宽厚的肩膀，而是两肩满满的头屑。

这个"双十一"，为他准备了

海飞丝丝质柔滑洗发水，

升级止痒，

无屑的肩膀才是坚实的依靠，

他还是那个随时给你依靠的暖心老爸。

男友每天上下班挤地铁，

早上出门元气满满，

晚上就顶着大油头回家。

这个"双十一"，

为他准备了海飞丝清爽去油洗发水，

轻松击败头皮劲敌，摆脱油腻，

他还是你最喜欢的那个清爽阳光大男孩。

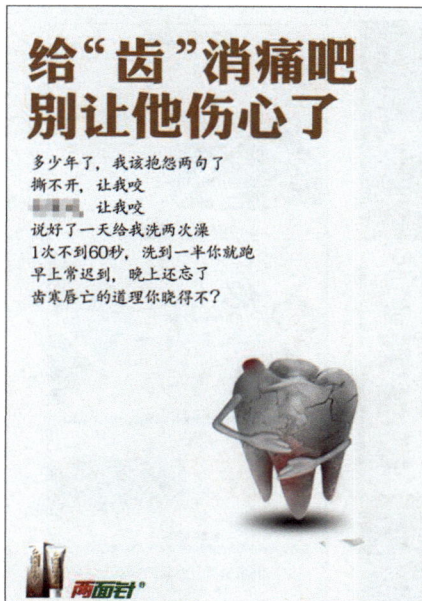

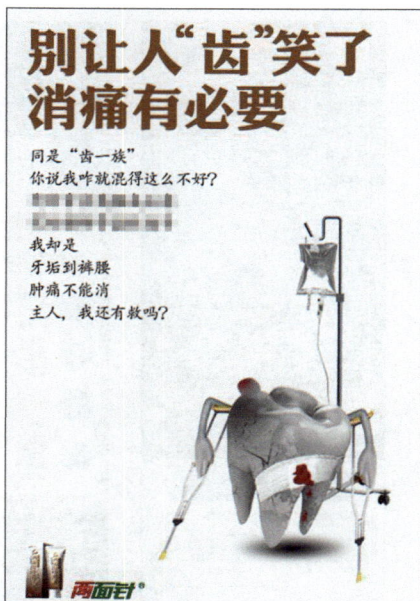

图6-5 牙膏商品详情页文案

课堂练习1：分析海尔洗衣机的商品详情页文案

图6-6所示为海尔洗衣机的部分商品详情页，请对该详情页文案进行简单分析。

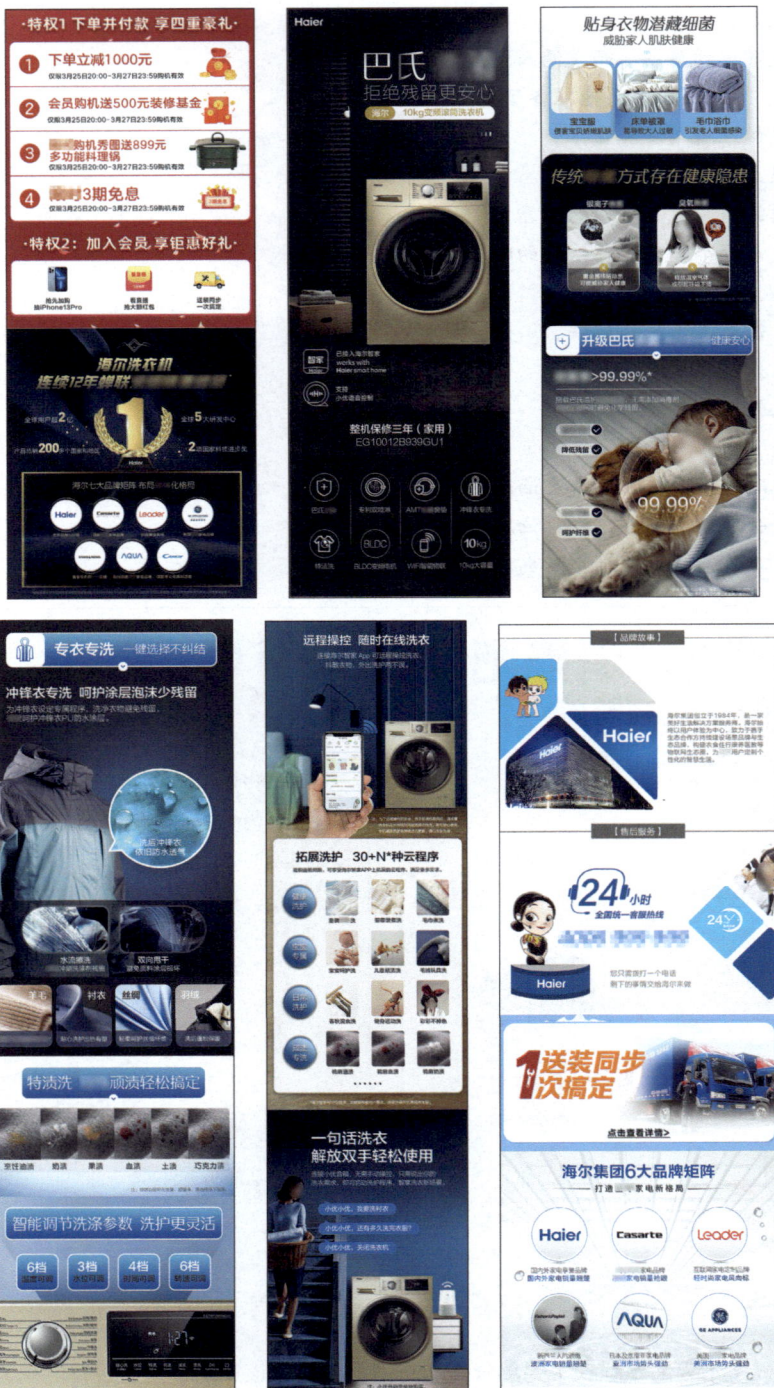

图6-6　海尔洗衣机部分商品详情页

（1）对消费者关注的活动福利、商品销量、是否送货上门等信息进行了详细的展示，引起消费者的关注。

（2）展示商品首图海报，并对拒绝残留、大容量、保修三年等卖点进行展示，针对贴身衣物容易潜藏细菌的痛点，指出其危害性，刺激消费者产生想要避免这种危害的心理，进而向消费者展示洗衣少残留，更加健康、放心的优势，激发消费者的兴趣。

（3）通过展示商品属性参数、专衣专洗和远程操控的实际使用场景等，加深消费者对商品的了解。

（4）通过详细讲解品牌故事和售后服务，打消消费者的购物顾虑，从而促使消费者下单购买。

课堂练习2：撰写女士马丁靴的商品详情页文案

请尝试为某款女士马丁靴商品详情页撰写文案，该款马丁靴的特点如下。

款式：英伦风

质地：牛二层皮

鞋头：圆头

鞋底：PVC 材质

跟高：4.5cm、3cm

颜色：黑色、白色、棕色、黄色

材质工艺：软面

流行元素：车缝线

文案示例：

复古英伦马丁靴

英伦主义　经典回潮

设计概念

以经典马丁靴款式为设计蓝本

6孔大众款、8孔纤细款，随心选择

英伦女孩轻松搞定时髦穿搭

轻享韧弹 防滑抓地

轻量 PVC 材质，防滑耐磨

搭载止滑底纹增强鞋底摩擦力

让你走稳每一步

两种跟高 随心选择

新升级款：4.5cm

时髦更显腿长，小个子女生的福利

经典款：3cm

硬核厚底造型，所有女生都适合

舒适度高，自信应对各种场合

6.2 商品详情页视觉营销设计

商品详情页是商家以图文混排的形式向消费者展示商品功能、商品参数、商品特点和商品卖点的页面。一个优秀的商品详情页不仅能让消费者充分了解店铺的商品，还能激起他们的购物欲望，促使他们尽快下单。因此，商家要重视商品详情页的视觉营销设计。

6.2.1 商品细节展示区的表现形式

商品细节展示区是商品详情页的重要组成部分，其主要作用是向消费者展示商品细节，加深消费者对商品的认知。在展示商品细节时，商家可以选择不同的表现形式，以让商品细节展示区更有说服力。

1. 指示型表现形式

指示型表现形式就是先将商品完整地展示出来，再把需要突出展示的局部细节图片以类似放大镜的形式排布在完整商品图的四周，并利用线条、箭头等设计元素将细节图片与完整的商品图连接起来，有时还会用简单的说明性文字来对细节进行解说，如图6-7所示。

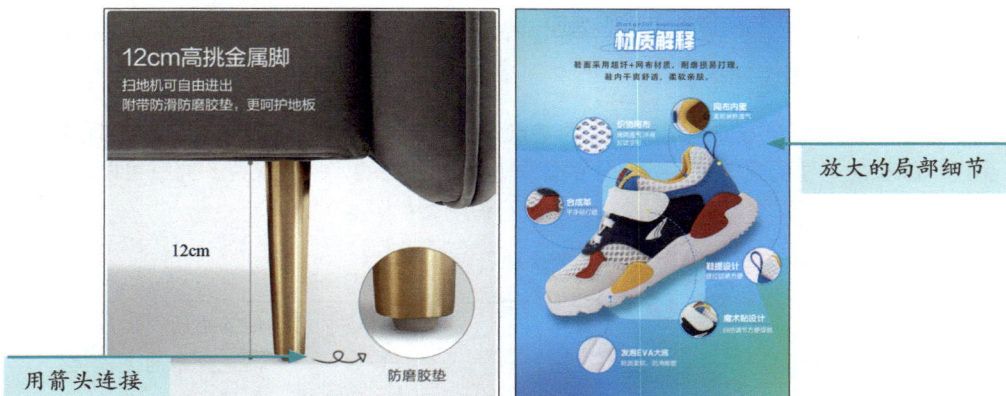

图6-7　指示型表现形式

用指示型表现形式对商品细节进行展示，既能宏观地呈现商品的完整外观，又能深入地展现商品重要部分的细节，非常适用于体积较小、部件较多的商品或家具等体积较大的商品的细节展示。这种表现方式能够清楚地告诉消费者所展示的细节位于商品的哪个位置，具有什么特点等。

2．局部图解型表现形式

局部图解型表现形式的设计更简单，只需将商品的局部细节放大即可，不需对细节位置进行指示。但是，局部图解型表现形式可以增加更多的说明性文字，比较适用于外观简单、部件少的商品及日常用品的细节展示。

图 6-8 所示的某款女包的细节展示图，就采用了局部图解型表现形式。商家将女包的局部细节放大，并使用文字对该部分细节进行说明。尽管图中没有使用任何修饰元素来指明各部分细节位于商品的哪个位置，但消费者还是可以很容易地自己判断出来。

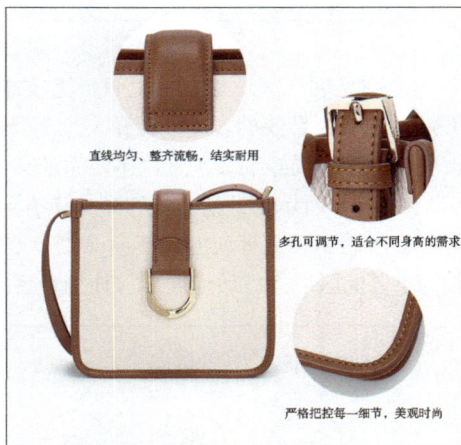

图6-8　局部图解型表现形式

需要注意的是，商家在使用局部图解型表现形式制作商品细节展示区时，要在商品详情页的开始位置先展示商品的整体外观，这样更便于消费者在浏览过程中理解细节图所传递的信息。

6.2.2　提升商品详情页表现力的技巧

如果商品详情页中只有图片，而没有必要的文字说明和修饰元素，会让页面显得比较单调，不能完整、准确地展示商品的特点。因此，商家可以通过添加文字说明、添加修饰元素的方式让商品详情页更具表现力。

1．添加文字说明

想要让消费者全方位地了解商品的特点，就要依靠文字来说明，因此商家可以在商品展示区添加必要的文字说明。文字的添加也是有技巧的，一般来说，商家可以使用标题文字和段落说明文字组合的方式对细节进行说明，如图6-9所示。

图6-9　通过文字对细节进行说明

在商品展示区添加文字说明是比较通用的设计方式。在展示商品细节图之前，商家可以先用较为系统的表格、段落文字等逐一介绍商品的属性，而在商品细节展示区则重点展示商品的局部细节，是否还要添加文字说明则根据实际设计需求而定。

图6-10所示为某款童鞋的商品详情页。商家先详细说明了童鞋的品牌、鞋面、货号、鞋底、尺码、颜色等属性，在商品细节展示区则仅使用了图片和简单的文字对童鞋4个较为重要的区域进行放大展示，让消费者能集中而专注地感受商品的外观和品质。

图6-10　童鞋商品详情页

图6-10　童鞋商品详情页（续）

2．添加修饰元素

商家在设计商品详情页时，可以使用一些修饰元素，这样能让商品图之间产生一定的联系，还能让画面的布局、文字的排列显得更加规范、美观。图 6-11 所示为在商品详情页中应用得非常广泛的箭头和聊天气泡元素素材。

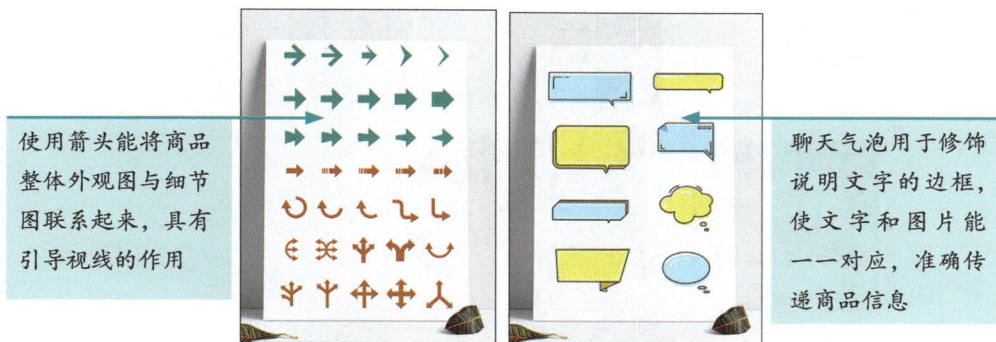

使用箭头能将商品整体外观图与细节图联系起来，具有引导视线的作用

聊天气泡用于修饰说明文字的边框，使文字和图片能一一对应，准确传递商品信息

图6-11　两种修饰元素素材

图 6-12 所示的两款商品的详情页中，左图使用了矩形作为说明文字的边框，使文字工整地显示在固定的区域内；右图则利用圆形素材将商品细节图与整体外观图联系起来，让消费者在浏览时能够快速地明白细节图的出处和含义。

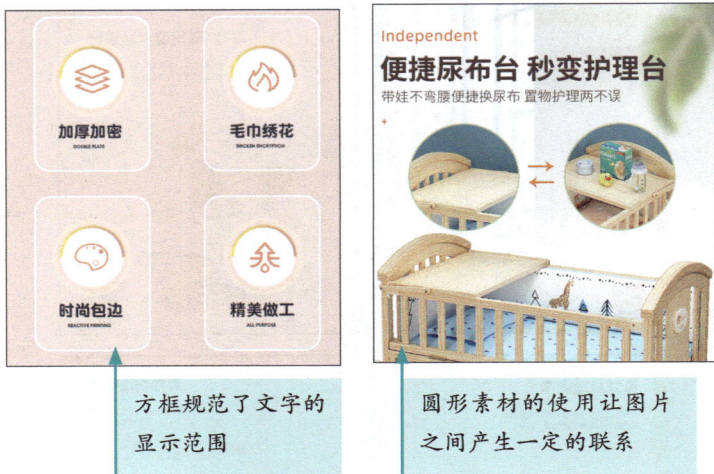

方框规范了文字的
显示范围

圆形素材的使用让图片
之间产生一定的联系

图6-12　添加修饰元素

课堂练习1：分析连衣裙商品详情页的设计

图 6-13 所示为某品牌连衣裙的部分商品详情页，请分别从首图、卖点图、细节图和商品参数等方面对该商品详情页进行分析。

图6-13　某品牌连衣裙部分商品详情页

● 首图分析

首图展示了连衣裙的全貌,让消费者对连衣裙形成初步认知,在商品图中添加了"听,花开的声音",用具有文艺气息的文字体现了连衣裙的风格,同时在图片中用黑底白字的方式重点突出了"直播福利价:129 元",用福利吸引消费者继续下拉查看更多的商品细节。

● 卖点图分析

"设计师说"板块通过简单的图文搭配展示了连衣裙的设计风格，介绍了连衣裙的设计理念，有助于加深消费者对商品品牌和设计理念的认知。

● 细节图分析

商品细节图通过使用指示型表现形式进行展示，将需要突出展示的细节图以类似放大镜的形式展示，然后用简单的文字来对细节进行解说，以便消费者更好地理解连衣裙的特点。

● 商品参数分析

商品参数部分采用了简洁的表格样式，不仅列出了身高体重建议表，还列出了商品各尺寸的详细参数，使用商品模特图作为背景，整体排版设计上既便于消费者快速识别信息，又具有美观性。

课堂练习2：设计螺蛳粉的商品详情页

下面将为一款螺蛳粉设计商品详情页，设计内容包括首图、商品信息和卖点图等。采用错落有致的图像放置方法，让页面版式显得灵活多变，富有设计感。图6-14所示为螺蛳粉商品详情页最终效果。

演示视频

图6-14　螺蛳粉商品详情页最终效果

步骤 01 在 Photoshop CC2013 中单击"文件"|"新建"命令，弹出"新建"对话框，设置图像大小为 750 像素 ×6090 像素，背景色为白色，然后单击"确定"按钮，如图 6-15 所示。

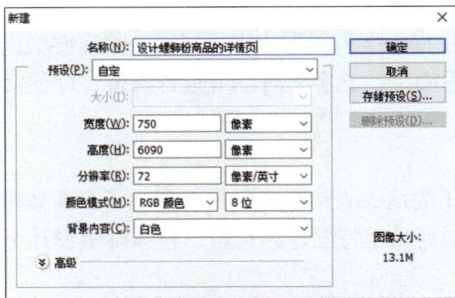

图6-15　新建图像文件

步骤 02 打开"素材文件 \ 第 6 章 \01.jpg"，将详情页首图的背景素材导入图像窗口中，按【Ctrl+T】组合键调出变换框，适当调整其大小和位置，如图 6-16 所示。

步骤 03 打开"素材文件 \ 第 6 章 \02.png、03.png、04.png"，将装饰素材分别导入图像窗口中，按【Ctrl+T】组合键调出变换框，适当调整其大小和位置，如图 6-17 所示。

图6-16　添加首图的背景素材

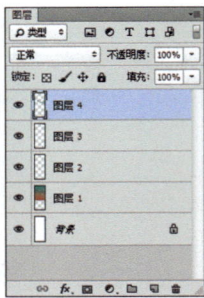

图6-17　添加装饰素材

步骤 04 为首图添加文字。使用横排文字工具输入"螺""蛳""粉"，在"字符"面板中对文字属性进行设置，并设置文字颜色为白色，如图 6-18 所示。

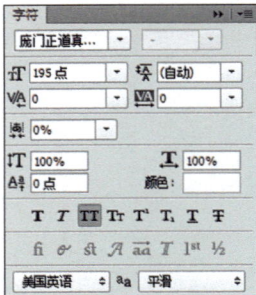

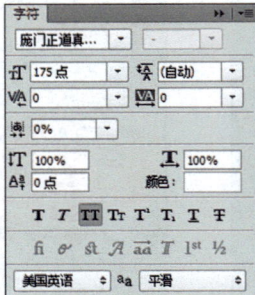

图6-18　添加文字

步骤 05 在"图层"面板中选择"螺"文本图层，单击"图层"|"图层样式"|"内阴影"命令，在弹出的"图层样式"对话框中分别设置"内阴影""渐变叠加"和"投影"图层样式的各项参数，其中渐变叠加颜色为 RGB（252，218，162）、RGB（255，231，212）、RGB（233，195，131），投影颜色为 RGB（18，108，102），然后单击"确定"按钮，如图 6-19 所示。

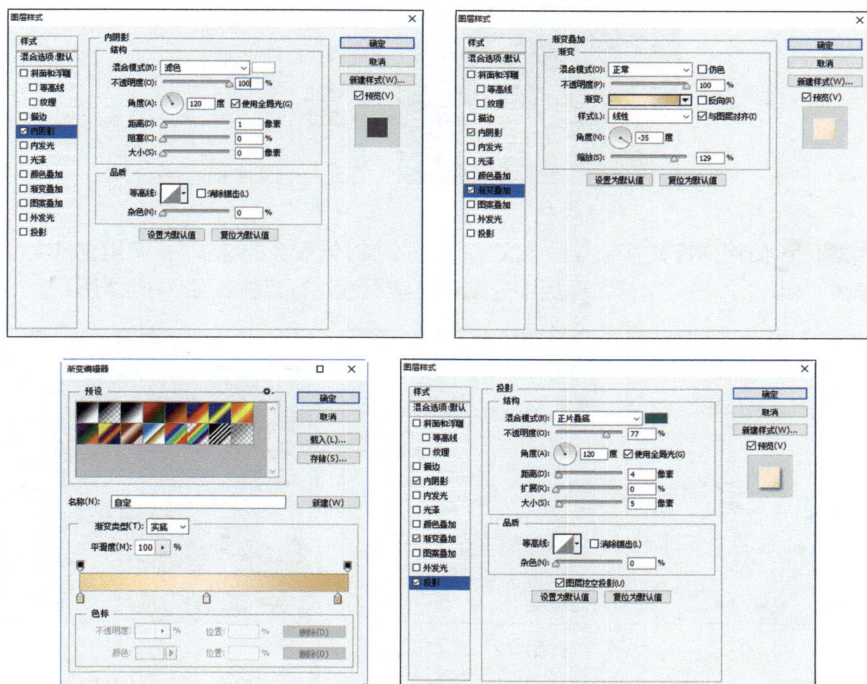

图6-19　为文字添加图层样式

步骤 06 用右键单击"螺"文本图层，在弹出的快捷菜单中选择"拷贝图层样式"命令，然后选择"粉"和"蛳"文本图层并用右键单击，在弹出的快捷菜单中选择"粘贴图层样式"命令，如图 6-20 所示。

图6-20　为其他文字添加图层样式

步骤 07 打开"素材文件\第 6 章\05.png、06.png"，将文字装饰素材分别导入图像窗口中，按【Ctrl+T】组合键调出变换框，适当调整其大小和位置，如图 6-21 所示。

图6-21 添加文字装饰素材

步骤 08 使用横排文字工具输入文字"还原小时候家乡的味道"，使用直排文字工具输入文字"柳州"，在"字符"面板中分别对文字属性进行设置，如图 6-22 所示。

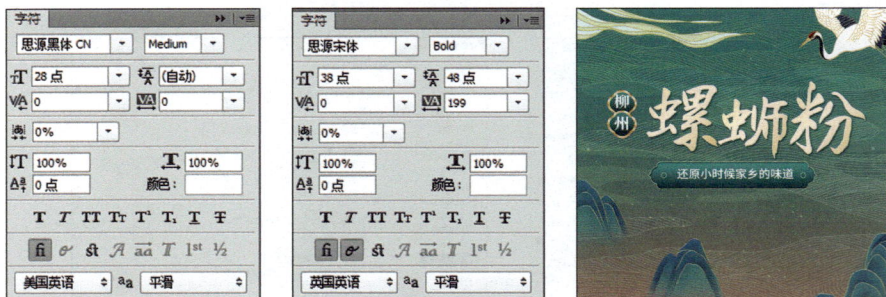

图6-22 添加副标题文字

步骤 09 双击"还原小时候家乡的味道"文本图层，在弹出的"图层样式"对话框中设置"渐变叠加"图层样式的各项参数，其中渐变颜色为 RGB（254，245，231）到 RGB（246，212，148），然后单击"确定"按钮。采用前面介绍的方法，将该图层样式复制粘贴到"柳州"文本图层，如图 6-23 所示。

图6-23 为副标题文字添加图层样式

步骤 10 打开"素材文件\第 6 章\07.png"，将螺蛳粉商品素材导入图像窗口中，按【Ctrl+T】组合键调出变换框，适当调整其大小和位置，如图 6-24 所示。

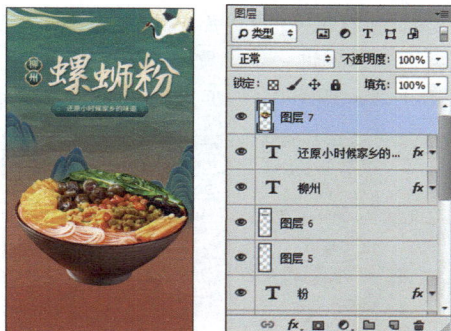

图6-24　添加螺蛳粉商品素材

步骤 11 单击"图层"面板下方的"创建新图层"按钮，新建"图层 8"并将其拖至"图层 7"的下方。选择椭圆选框工具，在其工具属性栏中设置"羽化"为 20 像素，在商品下方绘制一个椭圆选区，设置前景色为黑色，按【Alt+Delete】组合键进行填充，作为商品的阴影，如图 6-25 所示。

图6-25　制作商品阴影部分

步骤 12 按【Ctrl+D】组合键取消选区，单击"滤镜"|"模糊"|"动感模糊"命令，在弹出的对话框中设置各项参数，然后单击"确定"按钮，经过模糊后的阴影更加自然，如图 6-26 所示。

图6-26　为阴影添加动感模糊滤镜

步骤 ⑬ 打开"素材文件 \ 第 6 章 \08.png、09.png"，将烟雾等素材分别导入图像窗口中，按【Ctrl+T】组合键调出变换框，适当调整其大小和位置，将"图层 9"和"图层 10"拖至"图层"面板的最上方，如图 6-27 所示。

图6-27　添加烟雾等素材

步骤 ⑭ 单击"图层"面板下方的"添加图层蒙版"按钮，为"图层 10"添加图层蒙版。选择渐变工具，在其工具属性栏中设置渐变颜色为黑色到白色，在烟雾素材上由下至上绘制渐变色，设置"图层 10"的"不透明度"为 66%，如图 6-28 所示。

图6-28　为烟雾素材添加图层蒙版

步骤 ⑮ 选择首图的所有图层，按【Ctrl+G】组合键将它们添加到"组 1"中。选择矩形工具，绘制一个矩形。双击"矩形 1"形状图层，在弹出的"图层样式"对话框中设置"渐变叠加"图层样式的各项参数，其中渐变颜色为 RGB（19，112，106）、RGB（30，152，143）、RGB（17，106，100），然后单击"确定"按钮，如图 6-29 所示。

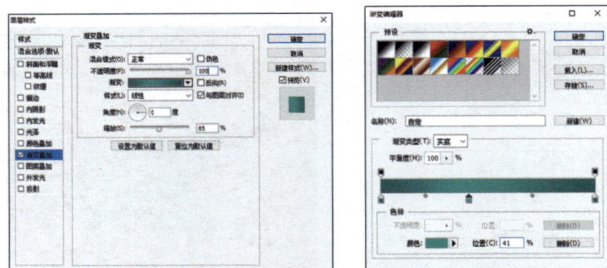

图6-29　绘制矩形并添加图层样式

图6-29　绘制矩形并添加图层样式（续）

步骤16 开始制作商品信息板块。打开"素材文件 \ 第 6 章 \10.png、11.png",将边框等素材分别导入到图像窗口中,按【Ctrl+T】组合键调出变换框,适当调整其大小和位置,如图 6-30 所示。

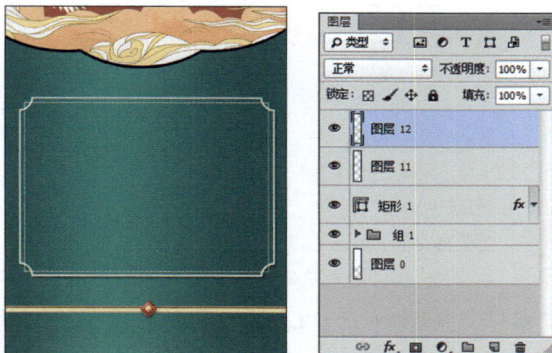

图6-30　添加边框等素材

步骤17 使用横排文字工具输入商品信息相关文字,在"字符"面板中设置文字的各项属性,然后为"商品信息"文本图层复制"螺"文本图层的图层样式,如图 6-31 所示。

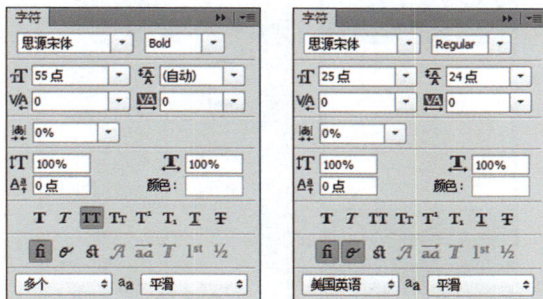

图6-31　添加商品信息相关文字

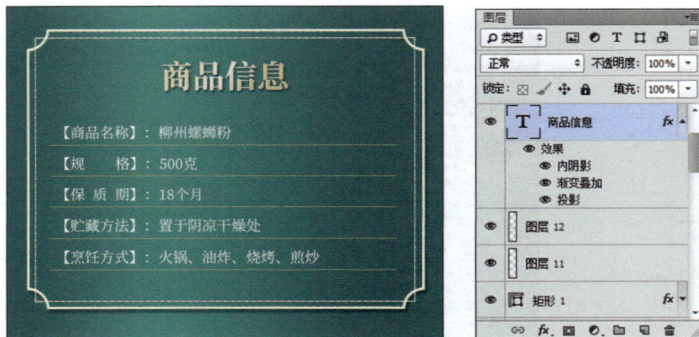

图6-31　添加商品信息相关文字（续）

步骤 18 选择商品信息板块的所有图层，按【Ctrl+G】组合键将它们添加到"组2"中。开始制作商品卖点板块，先使用横排文字工具继续输入标题文字，在"字符"面板中设置文字属性，然后为其添加标题文字的图层样式（即与"螺"文本图层相同的文字样式），如图6-32所示。

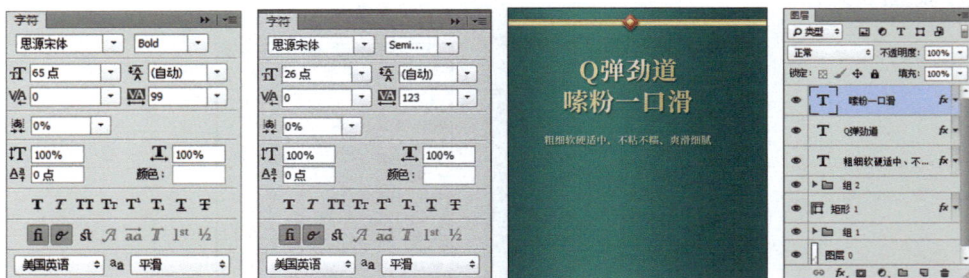

图6-32　输入商品卖点板块标题文字

步骤 19 打开"素材文件\第6章\12.png、13.png、14.png"，将边框素材分别导入到图像窗口中，按【Ctrl+T】组合键调出变换框，适当调整其大小和位置，然后按【Ctrl+J】组合键两次复制"图层15"，如图6-33所示。

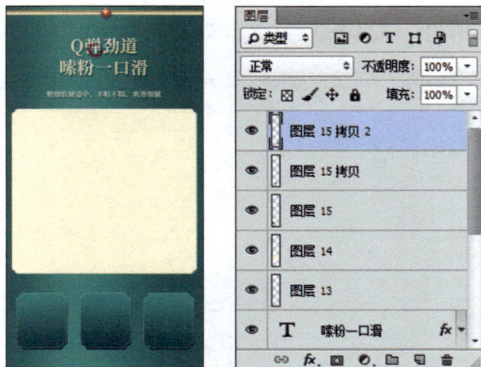

图6-33　添加边框素材

步骤 ㉑ 选择"图层14",单击"图层"面板下方的"添加图层样式"按钮,在弹出的下拉菜单中选择"斜面和浮雕"选项,在弹出的"图层样式"对话框中分别设置"斜面和浮雕"和"描边"图层样式的各项参数,其中描边颜色为RGB(227,216,159),然后单击"确定"按钮,如图6-34所示。

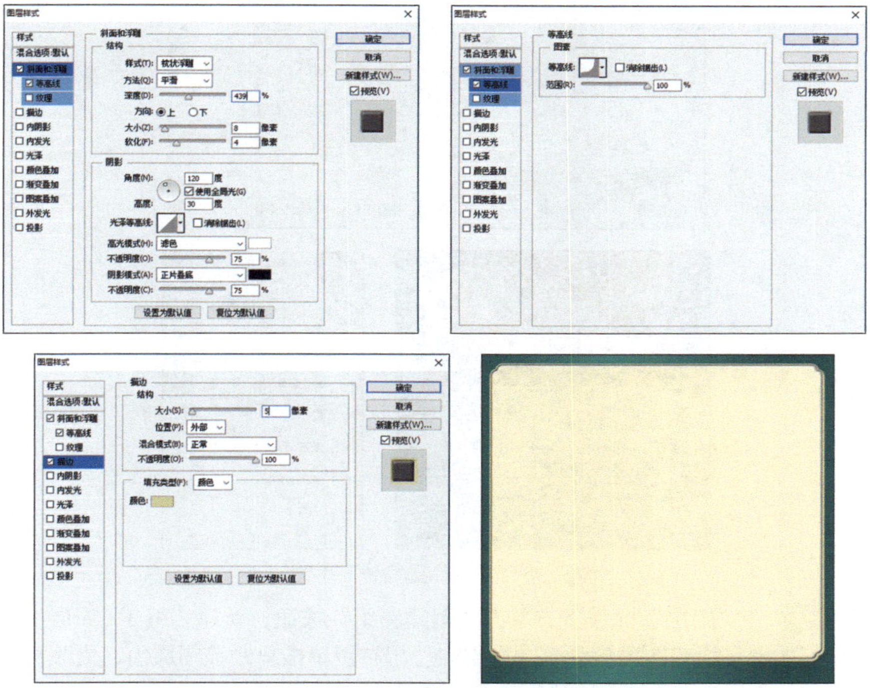

图6-34 为素材添加浮雕边框效果

步骤 ㉒ 打开"素材文件\第6章\15.png",将商品图片素材导入图像窗口中。单击"图层"|"创建剪贴蒙版"命令,隐藏多余图像,然后按【Ctrl+T】组合键调整图像的大小,如图6-35所示。

图6-35 添加商品图片素材并创建剪贴蒙版

步骤 ㉒ 使用横排文字工具继续输入商品卖点信息,在"字符"面板中设置文字属性,为其添加标题文字的图层样式,然后使用矩形工具绘制形状作为修饰,如图 6-36 所示。

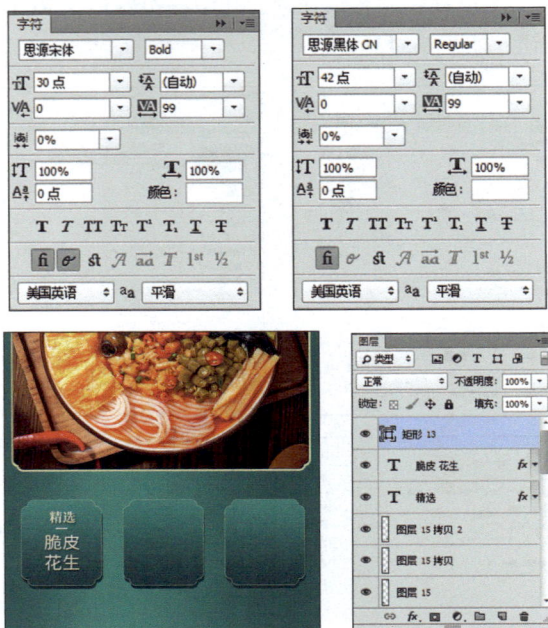

图6-36　添加商品卖点信息文字

步骤 ㉓ 在"图层"面板下方单击"创建新组"按钮,新建"组 3"图层组,将上一步制作好的商品卖点图层放到该图层组中。用右键单击复制该图层组,更改相应的文字,完成其他商品卖点的制作,效果如图 6-37 所示。

图6-37　添加其他商品卖点文字

步骤 ㉔ 选中所有商品卖点板块的图层和图层组,按【Ctrl+G】组合键将它们添加到"组 4"中。采用前面介绍的方法,添加其他素材和商品细节文本,即可得到最终效果,如图 6-38 所示。

图6-38 最终效果

课后习题

1. 在网购时，你是否有过看了某款商品的详情页就马上想要购买的经历，或者是自己本来想要购买某款商品，看了该商品的详情页后却打消了这种想法。请说一说你为什么会有这种想法，分析这些商品详情页有什么优缺点。

2. 请为解决痛点型商品详情页文案和故事型商品详情页文案各举出一个实例，并分析它们的优势。

3. 图 6-39 所示为一款行李箱的全貌，该款行李箱的特点如下。

① 箱体采用"软钢板"ABS 材质，轻盈耐用，回弹性强。

② 拉杆采用承重更强的铝合金材质，有多档可调节，拉杆预留 15mm 的摇摆空间，抽拉更顺畅。

③ 锁扣使用三位数密码锁，安全有保障。

④ 防撞包角设计，加固箱体，且防刮耐磨。

⑤ 拉链无缝咬合，防爆轻便，不容易裂开。

⑥ 采用轻音双排万向轮，轮子耐磨、减震、回弹性强，可 360° 灵活转动。

请你为该款行李箱设计一个商品详情页，说一说你会在详情页中重点展示哪些信息，你又会采取哪种方式来展示这些信息。当然，也可以展示一下自己设计的商品详情页效果。

图6-39　行李箱全貌

第7章

广告活动文案与视觉营销设计

【学习目标】

➢ 掌握广告活动文案的策划方法。

➢ 了解广告活动图片的构图方式。

➢ 掌握做好直通车图片视觉设计的方法。

➢ 掌握做好钻石展位图片视觉设计的方法。

【素质目标】

➢ 强化社会责任意识、规则意识和奉献意识。

➢ 培养潜心钻研业务、乐于精耕细作的职业素养。

　　广告活动是帮助店铺吸引流量，提高商品和店铺转化率的重要工具，而想要让广告活动更好地发挥作用，撰写具有吸引力的广告活动文案，并制作具有表现力的广告活动图片是关键。

7.1 广告活动文案策划

网店广告活动文案，即商家对广告活动期间包括商品、商品优惠政策等进行整合描述，以期拉动消费者购买力的文案。商家设计的广告活动文案要有足够的吸引力，这样才能充分发挥广告活动的作用，提高商品和网店转化率。

7.1.1 根据目标人群特点选择语言风格

现在的消费者越来越追求个性化消费，他们更加喜欢能够彰显自己个性的物品。商家在实施广告宣传时要尽量根据不同的目标消费群体制定相应的文案策划方案，撰写广告活动文案所选择的语言风格也要尽量符合网店目标消费群体的用语习惯，这样有利于拉近商家与消费者的心理距离，易于让目标消费群体对广告产生好感。

如果网店的目标消费群体以老人为主，商家应多以晚辈的口吻来撰写广告活动文案，语言要通俗易懂；如果网店的目标消费群体以少儿为主，商家应使用活泼可爱、充满童趣的语言来撰写广告活动文案；如果网店的目标消费群体是"90后""00后"等人群，商家应多以网络语言、幽默诙谐的语言来撰写广告活动文案。

图7-1所示为一款血压计的广告活动文案，这个广告活动是针对年轻人进行的定向营销推广，所以文案的风格也比较贴合年轻人。

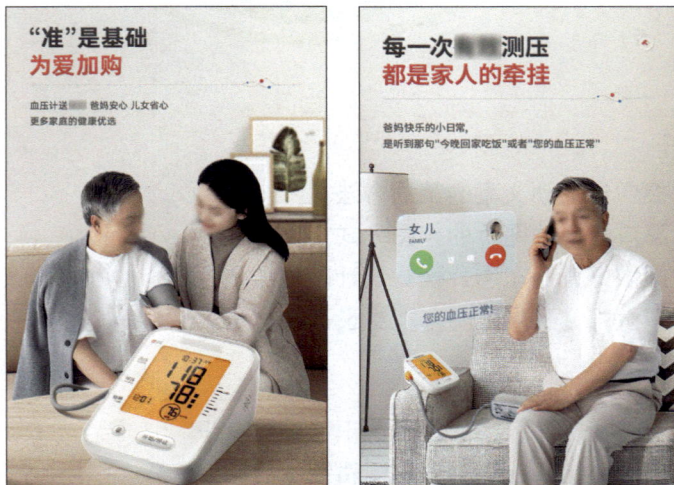

图7-1 定向营销推广文案

7.1.2 激发消费者的参与感

商家推出的广告活动如果没有消费者的参与，就是一场无法落地的镜花水月。因此，优秀的广告活动文案要能激发消费者对活动的参与感，要能让消费者在看过文案后既能了解活动的规则，又愿意积极地参加活动。

图 7-2 所示为某品牌童装的广告活动文案。该广告活动是一场需要消费者参与的活动，即"买家秀征集"活动。该文案清晰地讲明了消费者参与活动的方式，让消费者感到参与活动并不复杂，同时也明确地列出了参与活动的奖励，鼓励消费者积极参与活动。

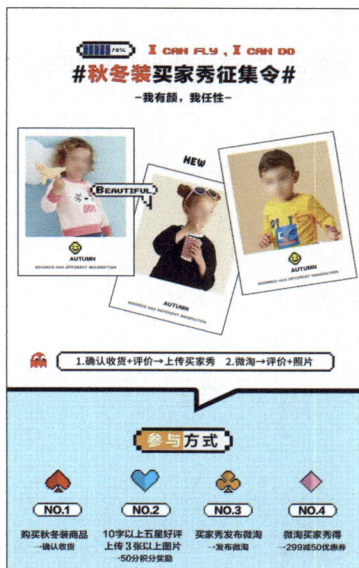

图7-2 童装广告活动文案

课堂练习1：分析眼霜年货节直通车文案

图 7-3 所示为某品牌眼霜年货节的直通车图片，请分析该直通车文案的特点。

图7-3 眼霜年货节直通车图片

商家在直通车图片中添加了"天猫金妆奖获奖眼霜"文案，直白地强调了该商品的品质和品牌实力，有利于增强消费者对眼霜的认可度。

一般而言，价格优惠信息很容易吸引消费者的注意。该直通车图片中的文案设计主要突出了活动的优惠力度，即"买1送2"，而"年货价79元""领券再减10元"则再次强化了活动的力度，直接点出优惠价格，能够有效地激发消费者的购买欲。

课堂练习2：撰写情侣手表"双十一"活动文案

请为某款情侣手表撰写"双十一"活动文案，该款商品的特点如下。

品牌：ONLYOU/ 奥利妮

风格：奢华

流行元素：大表盘

机芯类型：石英机芯

表带材质：精钢

颜色分类：气质金色、沉稳银色、格调黑色

上市时间：2022 年夏季

手表种类：情侣表

是否商场同款：是

文案示例：

"11 月 11 日"，对的人，才在一起

爱情无关房子和车子

而是愿意和你一起

度过每天的日子

戴上 ONLYOU 去爱和享受被爱

给彼此一个甜蜜证明

7.2 广告活动图片视觉营销设计

广告活动图片是展示广告活动信息的重要载体，清晰、具有表现力的广告活动图片更容易吸引消费者的关注，更利于发挥广告活动的作用。

7.2.1 广告活动图片的构图方式

构图在广告活动图片中起着非常重要的作用，构图的好坏直接影响着图片最终的呈现效果，所以商家在制作广告活动图片时要讲究一定的构图技巧。

1．变化式构图

变化式构图又称留白式构图，即将商品安排在图片的某一角落或某一边，同时留出大部分空白，如图 7-4 所示。画面上的留白能展示一定的感情色彩，给消费者留下思考和想象的空间。

图7-4 变化式构图

2．对角线构图

对角线构图就是把商品安排在图片的对角线上，利用画面对角线来整体统一画面元素，如图 7-5 所示。这种构图的特点是图片富有动感，活泼生动，容易产生视觉的汇聚趋势，吸引消费者的视线，从而达到突出商品的效果。

图7-5 对角线构图

3．平衡式构图

平衡式构图（见图 7-6）给人以祥和、平静的感觉，有一种和谐美，其缺点是会使画面缺乏新意。

图7-6 平衡式构图

4．对称式构图

对称式构图（见图7-7）给人以平衡、稳定的感觉，能突出商品的形象，其缺点是画面比较呆板，缺少变化。

图7-7　对称式构图

5．紧凑式构图

紧凑式构图，就是将商品以特写的形式放大，使其布满整个画面，使整个画面紧凑、细腻，如图7-8所示。

图7-8　紧凑式构图

6．X形构图

X形构图是对角线构图的升级版，也被称为放射式构图。这种构图方式将视觉焦点放在画面的中央位置，让每一条放射线的中点都位于视觉焦点之上，如图7-9所示。采用X形构图能使画面获得严谨的美感，尽情释放商品拥有的自然纯美，充满活力与激情。

图7-9　X形构图

7.2.2 直通车图片的视觉设计

直通车图片的视觉效果不容忽视，消费者通过搜索关键词进入搜索页面，从直通车展示位最先看到的就是图片和标题，而图片又占了绝大部分的位置，所以直通车图片在极大程度上影响了直通车商品的点击率。优秀的直通车图片能够吸引消费者进行点击，有点击才有可能有转化，从而提升直通车推广的效果。

1. 图片的整体设计风格

商家可以根据直通车的投放计划确定直通车商品推广所投放的位置（即在搜索结果页的第几页、第几个商品），以便对周边商品进行分析，并设计自己的直通车图片，使自己的图片更为突出，更容易引起消费者的注意。

图 7-10 中用红框标出的图片为某商家投放的床上用品的直通车图片。商家确定了直通车的投放位置在红框位置，发现周边商品图片基本选用浅色调，大多没有体现价格优势。于是，该商家制作的直通车图片首先在色调上进行了区分，因为商品颜色不可改变，所以商家通过改变图片背景来突出自身商品与其他商品的差异性。在文案上，商家为了体现价格优势及促销活动，使用"抢！下单立减60元"的字眼，营造了活动优惠的紧迫感。

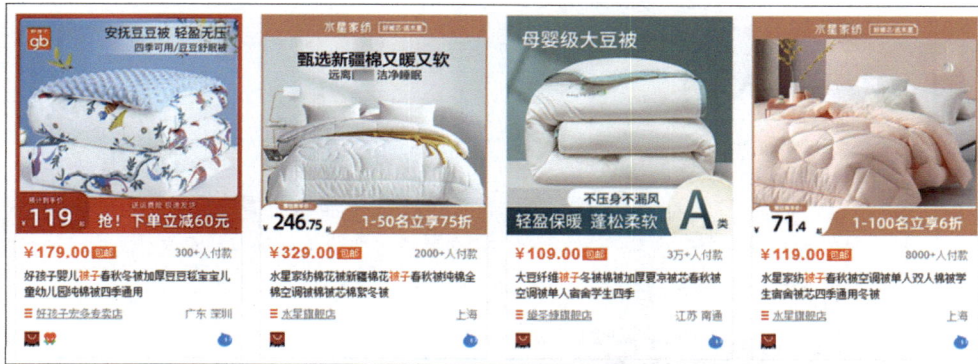

图7-10 直通车图片应用案例

商家要确定直通车推广的商品所针对的目标消费群体，并分析他们的喜好，让直通车图片更加符合目标消费群体的喜好。

图 7-11 所示的这款被子针对的目标消费群体是年轻、时尚的学生或青年，这些从商品款式及商品图的拍摄风格就可以体现出来，所以商家在制作直通车图片时，也要走年轻、时尚的风格。图 7-12 所示的这款被子针对的目标消费群体是中年人士，这个群体对商品的质感和品位的要求相对较高，所以商家在制作直通车图片时要着重展示商品的高端品位。

图7-11 针对年轻消费群体的直通车图片　　图7-12 针对中年消费群体的直通车图片

2．突出商品卖点

商品主图中可以出现店铺的说明信息，但商品主图的主要功能是展示商品本身，且电商平台对商品主图的尺寸有限制，所以一般情况下商品主图中只放店铺的品牌徽标即可。如果商家要在商品主图中放置利益点信息，则只需放置该款商品的利益点。

相比之下，在直通车图片中则可以放置更多的内容来展示店铺信息，利益点的说明也可以偏向于整个店铺的利益点，如图 7-13 所示。

图7-13 直通车图片

在直通车图片中添加更多关于店铺、品牌的说明信息，能让消费者从更多方面认识店铺和品牌，也能进一步增强消费者对店铺和品牌的信任度，提升图片的可信度。同时，店铺利益点信息的添加也能促使消费者点击直通车图片。

7.2.3　钻石展位图片的视觉设计

考察钻石展位图片投放性价比的关键在于图片的点击率。在成本支出与展现量相同的情况下，钻石展位图片的点击率越高，所起到的引流效果就越明显。商家要想提高钻石展位图片的点击率，就要让钻石展位图片更有吸引力。

1．博取眼球的创意设计

创意需要灵感和长期的积累，它并不是在短期内就能随随便便产生的，但创意都有其所针对的对象，商家以此为切入点就可以较为轻松地进行创意设计。

例如，商家在拍摄商品时转换相机的位置，从不同的角度表现商品，便可以让钻石展位图片产生不一样的表现形式与视觉冲击力。对比图 7-14 所示的两张钻展图片的商品拍摄角度，你认为哪个角度更具有视觉冲击力呢？相信大多数人会选择图 7-14（a）的拍摄角度。

正面与侧面相结合的拍摄角度，尤其是侧面，给人以迎面冲来的视觉感受，富有视觉冲击力

（a）

正面拍摄角度是较为常规的拍摄角度，少了几分新鲜感与吸引力

（b）

图7-14　不同的商品拍摄角度

除了改变商品的拍摄角度外，对商品进行富有造型感的摆放也能让图片更具创意和吸引力。

对比图 7-15 所示的 3 张图片，你认为哪一张更具有视觉冲击力呢？相信大多数人会选择图 7-15（a），其次为图 7-15（b），而最不具有吸引力的便是图 7-15（c），因为它最为常见，不能给消费者带来新鲜感。

（a）

图7-15　不同造型的商品摆设

（b）

（c）

图7-15　不同造型的商品摆设（续）

2．统一图片设计风格

拥有明确主题的钻石展位图片更容易吸引消费者点击图片，也更容易激发消费者的潜在需求。因此，商家在设计钻石展位图片时要从图片的主题出发，让图片的风格保持一致。

图片背景可以烘托出图片的整体氛围与设计风格。钻石展位图片背景的设计主要有两种方式：一种为合成背景，另一种为通过拍摄道具构建出情景，从而为图片营造气氛。不同的图片设计风格如图 7-16 所示。

简约风格

图片整体的设计风格非常大方，选择红色的背景也彰显了其简洁的设计风格。

通过对元素颜色的控制，突出"全场 5 折起"的宣传主题，激发消费者潜在的购物欲望

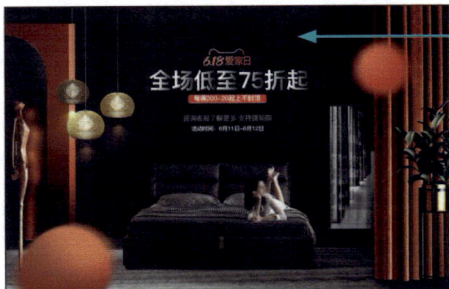

典雅风格

家具的摆放富有情景感，背景使用了与家具相近的颜色，图片整体体现出了典雅的风格。

图片突出了家具商品，文案又突出了"全场低至 75 折起"，主题明确，能激发消费者的点击冲动

图7-16　不同的图片设计风格

3．确定重点表现元素

只是图片风格保持一致是不够的，钻石展位图片更重要的意义在于通过图片来推广店铺和商品，从而为店铺带来流量。因此，做好色彩搭配、控制好图片中相关元素的尺寸也是提高钻石展位图片吸引力的关键。

商家在设计钻石展位图片时，需要确定图片的重点表现元素。图7-17中的两张图片的重点表现元素为价格，所以两张图片中的价格元素都是颜色醒目、尺寸较大的，因为只有使价格元素足够突出，图片才具有煽动性，才能吸引消费者点击。

实惠的价格是图片重点突出的元素，因此该元素色彩明亮、尺寸较大，能迅速吸引消费者的眼球

图7-17　重点突出价格元素

课堂练习1：分析品牌童装钻石展位图片

图7-18所示为某品牌童装的钻石展位图片，请分析该图片的视觉营销设计的特点。

图7-18　某品牌童装的钻石展位图片

该钻石展位图片的主题为"20（元）抵80（元）"，该主题占据图片的第一视觉中心，且商家通过文字的字体和颜色将其予以重点突出，主要目的是为店铺引流，引导消费者点击图片。因此，主题不仅要占据钻石展位图片的中心位置，主题文字还要明显、突出、有个性、有创意，这样才能让图片更容易吸引消费者的眼球。

该钻石展位图片颜色以黄暖色、红色为主，搭配雪花装饰元素，营造出"新年穿新衣"的活动氛围，有利于促使消费者产生点击行为。

课堂练习2：设计铸铁珐琅锅直通车图片

下面为一款铸铁珐琅锅设计直通车图片，效果如图 7-19 所示。在制作过程中使用时尚的渐变色背景来进行修饰，通过添加促销方案和广告词来突出商品优势，具体操作方法如下。

步骤 01 在 Photoshop CC2013 中单击"文件"|"新建"命令，弹出"新建"对话框，设置图像大小为 800 像素 ×800 像素，背景色为白色，然后单击"确定"按钮，如图 7-20 所示。

演示视频

图7-19　铸铁珐琅锅直通车图片效果

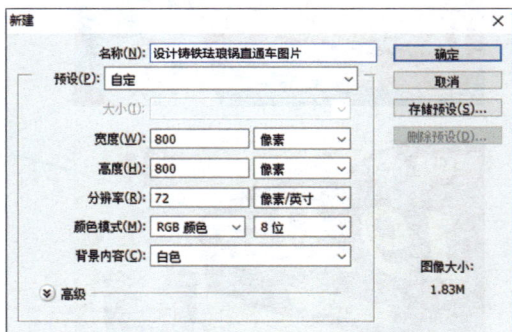
图7-20　"新建"对话框

步骤 02 选择矩形工具，绘制一个矩形，双击"矩形 1"形状图层，在弹出的"图层样式"对话框中设置"渐变叠加"图层样式的各项参数，其中渐变色为 RGB（224，105，28）、RGB（255，139，64）、RGB（232，106，27），然后单击"确定"按钮，此时直通车图片的背景制作完成，如图 7-21 所示。

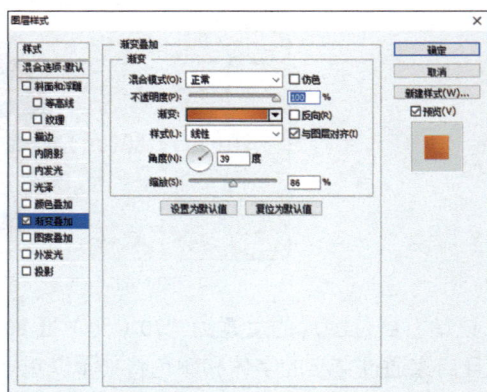

图7-21　绘制矩形并添加图层样式

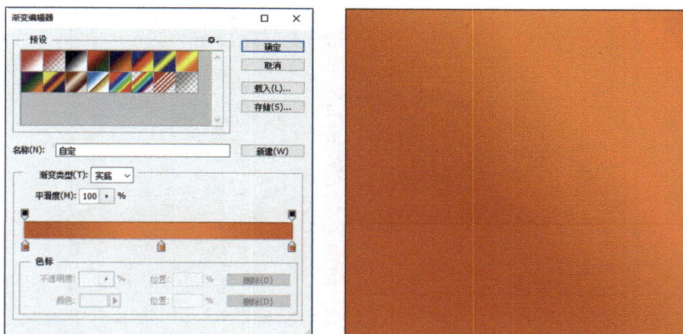

图7-21 绘制矩形并添加图层样式（续）

步骤 03 选择圆角矩形工具，在图像窗口中绘制一个圆角矩形形状，在其属性面板中设置各项参数，其中"填充"为白色，"描边颜色"为 RGB（247，206，81），"描边宽度"为 2 点，"半径"为 50 像素，如图 7-22 所示。

图7-22 绘制圆角矩形

步骤 04 打开"素材文件\第 7 章\01.jpg"，将其导入图像窗口中，按【Ctrl+T】组合键调出变换框，适当调整其大小和位置。单击"图层"|"创建剪贴蒙版"命令，隐藏多余图像，如图 7-23 所示。

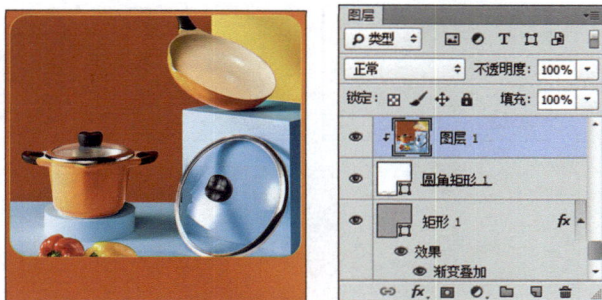

图7-23 添加素材并创建剪贴蒙版

步骤 05 选择圆角矩形工具，绘制一个圆角矩形。设置填充色为白色，按【Alt+Ctrl+G】组合键创建剪贴蒙版，隐藏部分白色形状，如图 7-24 所示。

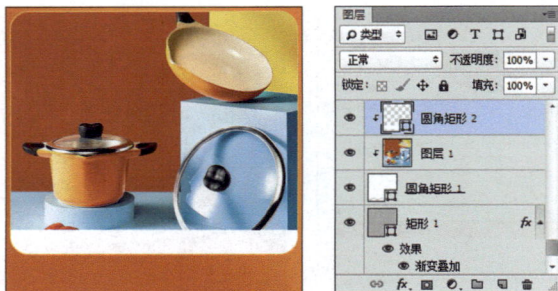

图7-24 创建剪贴蒙版

步骤 06 打开"素材文件 \ 第 7 章 \02.jpg"，将其导入图像窗口中，在"图层"面板中设置其图层混合模式为"正片叠底"，为直通车图片添加商品 Logo，如图 7-25 所示。

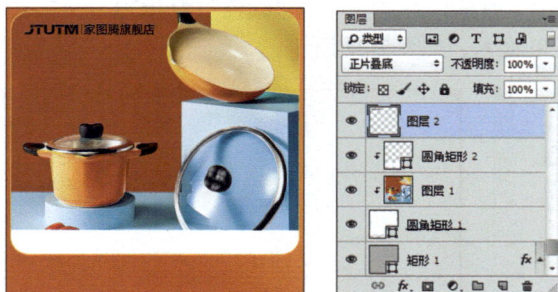

图7-25 添加Logo素材并设置图层混合模式

步骤 07 选择横排文字工具，输入相应的商品卖点文案。打开"字符"面板，设置文字的各项参数，如图 7-26 所示。

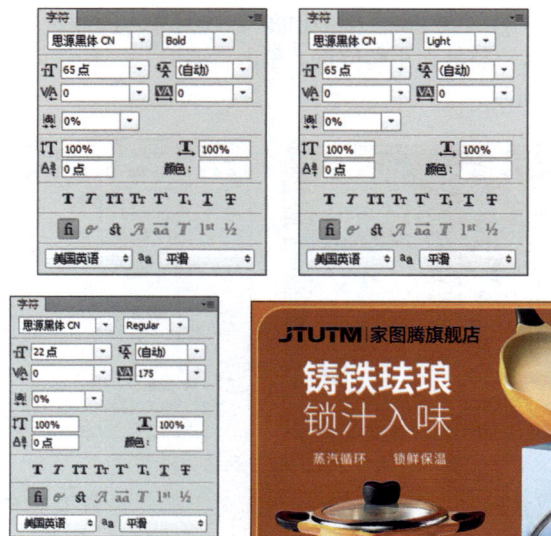

图7-26 添加商品卖点文案

步骤 08 双击"铸铁珐琅"文本图层，在弹出的"图层样式"对话框中设置"投影"图层样式，其中阴影颜色为 RGB（193，92，25），然后单击"确定"按钮，如图 7-27 所示。

图7-27 为文本添加图层样式

步骤 09 用右键单击"铸铁珐琅"文本图层，在弹出的快捷菜单中选择"拷贝图层样式"命令，然后按住【Ctrl】键的同时选择其他 3 个文本图层并用右键单击，在弹出的快捷菜单中选择"粘贴图层样式"命令，如图 7-28 所示。

图7-28 添加图层样式

步骤 10 选择圆角矩形工具，绘制一个圆角矩形形状，在其属性面板中设置各项参数，其中"描边颜色"为白色，"描边宽度"为 1 点。按【Ctrl+J】组合键复制形状，得到"圆角矩形 2 拷贝"形状图层。选择移动工具，将其移到合适的位置，如图 7-29 所示。

图7-29 绘制圆角矩形并复制

步骤 ⑪ 打开"素材文件 \ 第 7 章 \03.png、04.png"，将装饰素材分别导入图像窗口中，按【Ctrl+T】组合键调出变换框，调整其大小和位置，如图 7-30 所示。

图7-30　添加装饰素材

步骤 ⑫ 选择横排文字工具，输入相应的促销文案。打开"字符"面板，设置文字的各项参数，如图 7-31 所示。

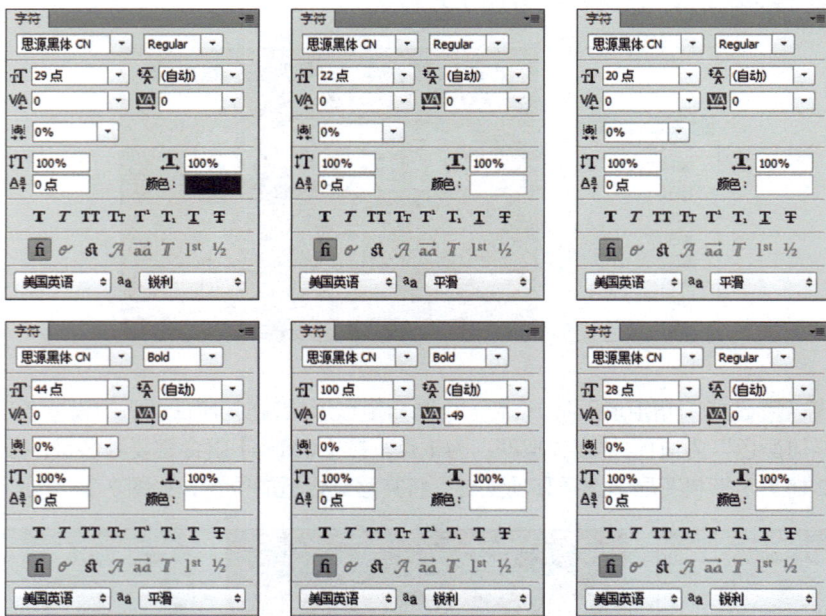

图7-31　添加促销文案

步骤 **13** 采用同样的方法，为部分文本图层添加"投影"图层样式，即可得到铸铁珐琅锅直通车图片的最终效果，如图 **7-32** 所示。

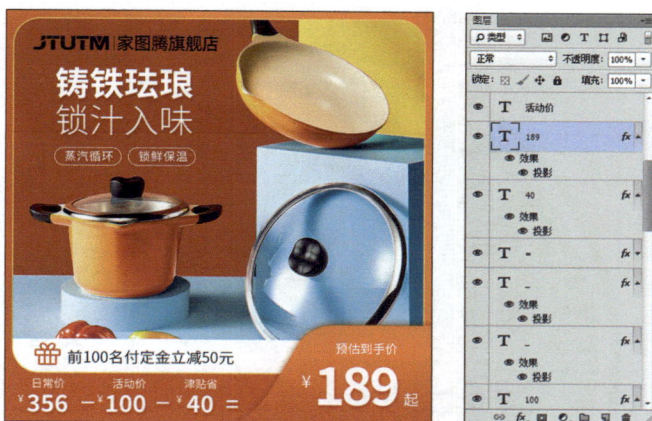

图7-32　最终效果

课后习题

1. 简述广告活动图片的构图方式，并针对各构图方式各举出一个实例。

2. 图 7-33 所示为 4 个店铺发布的直通车图片，试分析这些直通车图片的优缺点。

图7-33　直通车图片

3. 请为一款手撕面包撰写 "6·18" 年中大促活动文案，该款手撕面包的特点如下。

制作工艺：180 分钟低温发酵，口感细腻绵润；使用新鲜鸡蛋、小麦和新西兰乳粉，纯正奶香味；27 道层次，每一层都纹理交错，香浓可口。

包装：独立包装，每箱 22 ～ 25 包。

保质期：180 天。

活动优惠：第一箱 29.9 元，第二箱 9.9 元。

第8章

移动端店铺视觉营销设计

【学习目标】

➢ 掌握移动端店铺视觉营销设计的要点。

➢ 掌握移动端店铺首页视觉营销设计的技巧。

➢ 掌握移动端店铺商品详情页视觉营销设计的技巧。

【素质目标】

➢ 把握新时代的发展方向，培养辩证思维、系统思维和创新思维。

➢ 培养团队意识，提高团队协作能力。

　　虽然移动端店铺的视觉营销设计与 PC 端的设计思路有一些相通之处，但是商家不能将 PC 端页面的全部内容简单地一键导入移动端，否则就容易出现 PC 端内容无法适应移动端的情况。商家在进行移动端店铺视觉营销设计时，要充分考虑移动端的特点与属性，这样才能设计出对消费者友好的页面。

8.1 移动端店铺视觉营销设计要点

商家在设计移动端店铺页面的视觉效果时，要结合智能手机的特色，设计出更加注重交互体验与友好度的页面，只有这样才能赢得消费者的喜爱，进而形成流量转化。

8.1.1 保证页面加载速度

大多数消费者在购物时选择移动端店铺是因为它能带来随时随地购物的便捷感。对于这部分消费者而言，他们并不希望有页面长时间打不开的体验。如果移动端店铺中的图片与信息加载时间过长，消费者就会失去购物的耐心与兴致。

网速是导致店铺页面长时间无法打开的主要因素，虽然商家并不能调控网速，但店铺中如果不堆放过多的图片且图片不要过大，也是能够缓解图片缓冲压力的，这样店铺页面就能较为快速地展示在消费者面前。因此，商家要合理控制店铺图片的大小，保证移动端页面的加载速度，这样才能更好地迎合消费者在移动端快速打开页面的需求，为消费者创造流畅的购物体验。

8.1.2 内容信息简洁

喜欢使用手机进行购物的消费者很多时候是利用工作或学习的碎片时间来浏览、挑选、购买商品的，他们并没有太多的注意力与耐心一直浏览下去，所以商家在进行移动端店铺视觉设计时，设置能够快速传播的信息内容更能迎合这类消费者的需求。

由于移动端店铺页面受到手机载体的限制，其显示尺寸有限，店铺信息的呈现也会受限，如果信息量过多且不做取舍，消费者就不能快速找到自己想要看到的页面，就很有可能会离开。因此，对店铺信息进行必要的精简化处理是让消费者快速浏览与接收信息的关键。商家要明确所要展示的主要信息，并从中提炼出关键内容进行展示。

移动端店铺页面的文字信息应当尽量简化，商家可以多利用图片来表现信息。毕竟现在是读图时代，加上移动端消费者浏览与购物的时间有限，图片成为能让他们快速且清晰地读取信息的重要途径。消费者只有被图片吸引后才会迅速阅读页面中的部分文字。

8.1.3 简单、方便的操作与交互

在进行移动端店铺视觉设计时，有的商家会直接套用 PC 端的设计，这很可能是因为他们在移动端设计了可供消费者进行缩放控制的页面尺寸。消费者通过滑动手机屏幕来对页面进行缩放控制，就能清楚地浏览页面中的信息。

这样的设计方式看似解决了页面中信息过多而不能清晰显示的问题，但也在一定程度上增加了消费者的操作负担，如图 8-1 所示。

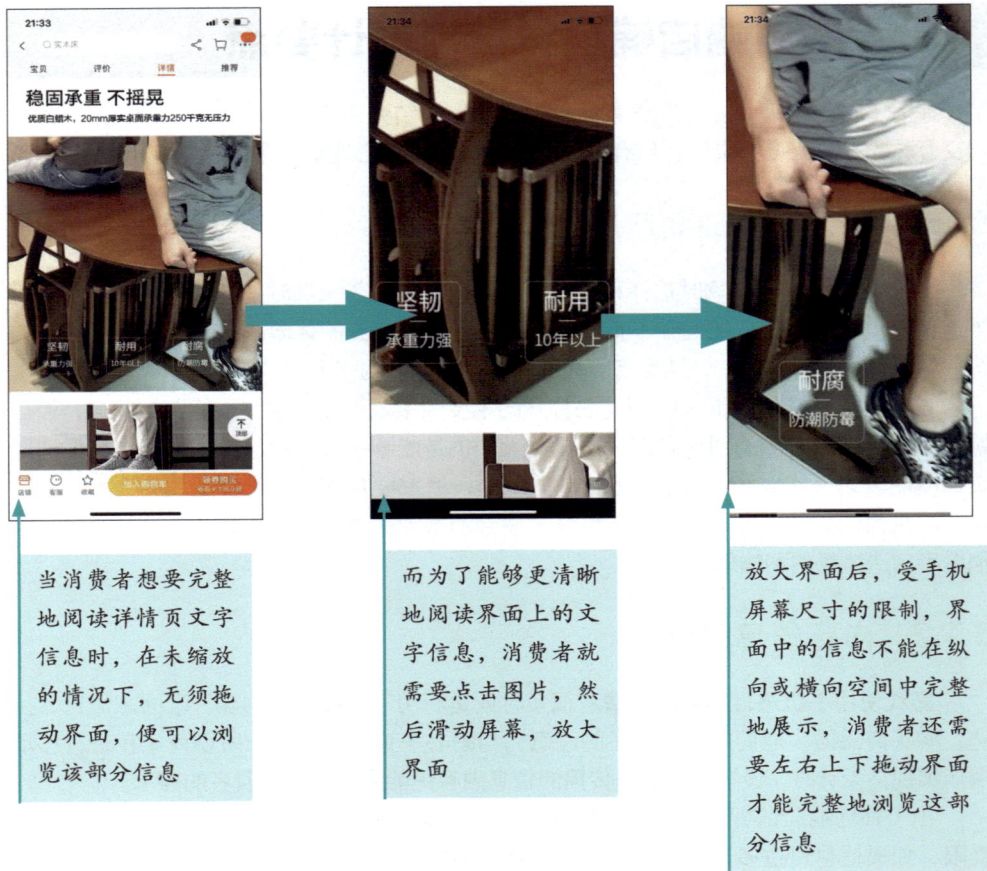

当消费者想要完整地阅读详情页文字信息时，在未缩放的情况下，无须拖动界面，便可以浏览该部分信息

而为了能够更清晰地阅读界面上的文字信息，消费者就需要点击图片，然后滑动屏幕，放大界面

放大界面后，受手机屏幕尺寸的限制，界面中的信息不能在纵向或横向空间中完整地展示，消费者还需要左右上下拖动界面才能完整地浏览这部分信息

图8-1 缩放设计后浏览页面的操作

缩放设计确实可以让消费者看到更清晰的信息，但消费者需要做出滑动、左拖、右拖、上拉、下滑等一系列操作来完成，这样的操作会花费消费者过多的精力与时间，让他们无法一心一意地购物，繁复的操作与交互设计很可能会给消费者带来困惑与苦恼，让他们最终失去浏览的耐心。

相比之下，无须进行缩放操作，只需伸出手指执行单一上滑手势便可以进行信息的浏览，这种简单且易于操作的方式更容易被消费者所接受。因此，商家在进行移动端店铺的视觉营销设计时，要简化一切不必要的操作，让消费者不必因为烦琐的操作而忘记了购物的初衷，这也是促进移动端店铺视觉营销的有效手段之一。

课堂练习1：分析红色小象移动端店铺首页设计

图8-2所示为红色小象移动端店铺首页的部分页面，请分析其页面配色、商品陈列区的特点。

图8-2 红色小象移动端店铺首页的部分页面

● 页面配色分析

页面使用了高纯度的色彩，如蓝色、粉红色、米色，这些颜色较为柔和，视觉上给人温馨、可爱的感觉，可以很好地表现出儿童用品温和的一面，符合幼儿的心理。

● 商品陈列区分析

商品陈列区使用有柔化效果的圆角矩形作为边框，陈列区内的商品按照功效分类，每种功效各展示4款商品，上部展示一款，下部3款商品并列展示，这样的结构安排让整个页面显得规范、有秩序，又让尽可能多的商品得到了展示。

课堂练习2：设计女装店铺的移动端首页

下面为女装店铺设计"6·18年中盛典"活动移动端首页，页面以商品展示为主，在页面配色上使用橘红色作为背景，使用黄色作为点缀色，用鲜明的配色来烘托活动火爆的气氛。商品陈列区通过不同的商品布局让页面显得协调而不单一，增强买家进一步深入了解商品的欲望，最终效果如图8-3所示。

步骤 01 在Photoshop CC2013中单击"文件"|"新建"命令，弹出"新建"对话框，设置图像大小为750像素×4000像素，背景色为白色，然后单击"确定"按钮，如图8-4所示。

演示视频

图8-3 女装店铺移动端首页最终效果

步骤 02 设置前景色为RGB（223,49,42），按【Alt+Delete】组合键填充"背景"图层，如图8-5所示。

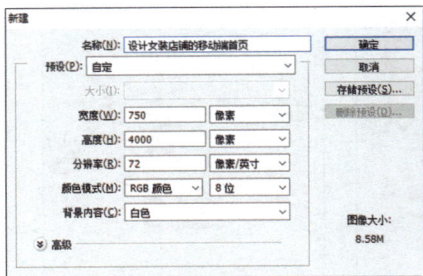

图8-4 "新建"对话框

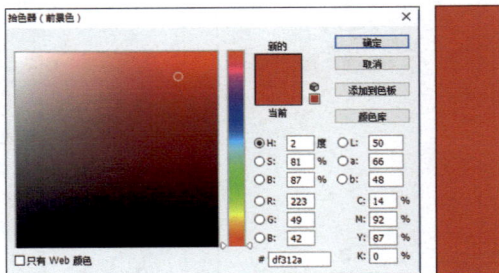

图8-5 填充背景颜色

步骤 03 打开"素材文件 \ 第 8 章 \01.jpg、02.png"，将它们分别导入图像窗口中，作为首焦海报的背景。选择横排文字工具，输入文字"全场买 2 免 1"，并在"字符"面板中对文字属性进行设置，其中文字颜色分别为白色和RGB（241，247，65），如图 8-6 所示。

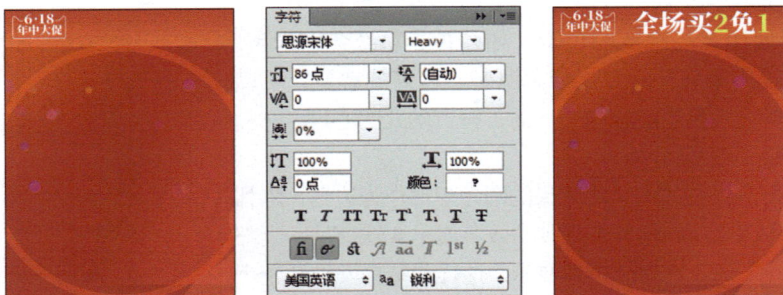

图8-6 添加素材和文字

步骤 04 选择圆角矩形工具，绘制一个圆角矩形，在"属性"面板中设置各项参数，如图 8-7 所示。

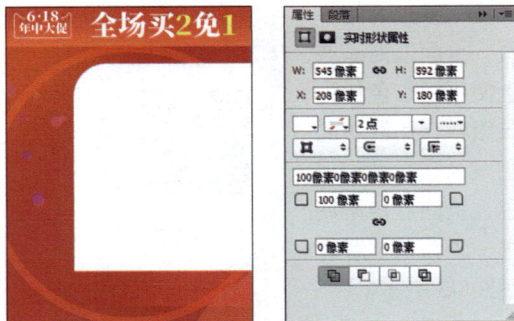

图8-7 绘制圆角矩形

步骤 05 打开"素材文件 \ 第 8 章 \03.jpg"，将模特图像导入图像窗口中，并按【Ctrl+T】组合键调出变换框，适当调整其大小和位置，然后单击"图层"|"创建剪贴蒙

版"命令，如图 8-8 所示。

图8-8　添加模特素材并创建剪贴蒙版

步骤 06 在"图层"面板中按【Ctrl+J】组合键复制模特图层，并设置"图层 3 拷贝"的图层混合模式为"叠加"，如图 8-9 所示。

图8-9　复制图层并设置图层混合模式

步骤 07 选择横排文字工具，输入文字"6·18 年中促"，在"字符"面板中对文字属性进行设置。在"图层"面板中按【Ctrl+J】组合键复制文本图层，将其拖至"6·18 年中促"文本图层下方，如图 8-10 所示。

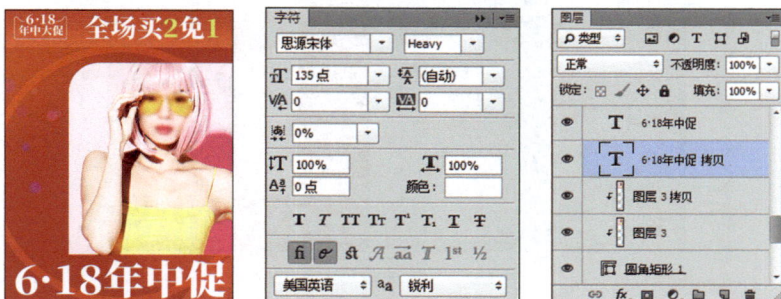

图8-10　添加促销文字

步骤 08 在"图层"面板下方单击"添加图层样式"按钮，选择"混合选项"选项，在弹出的对话框中设置"填充不透明度"为 0%，然后添加"描边"图层样式并设置各项

159

参数，单击"确定"按钮。使用移动工具将"6·18年中促 拷贝"文字向右移到合适的位置，如图8-11所示。

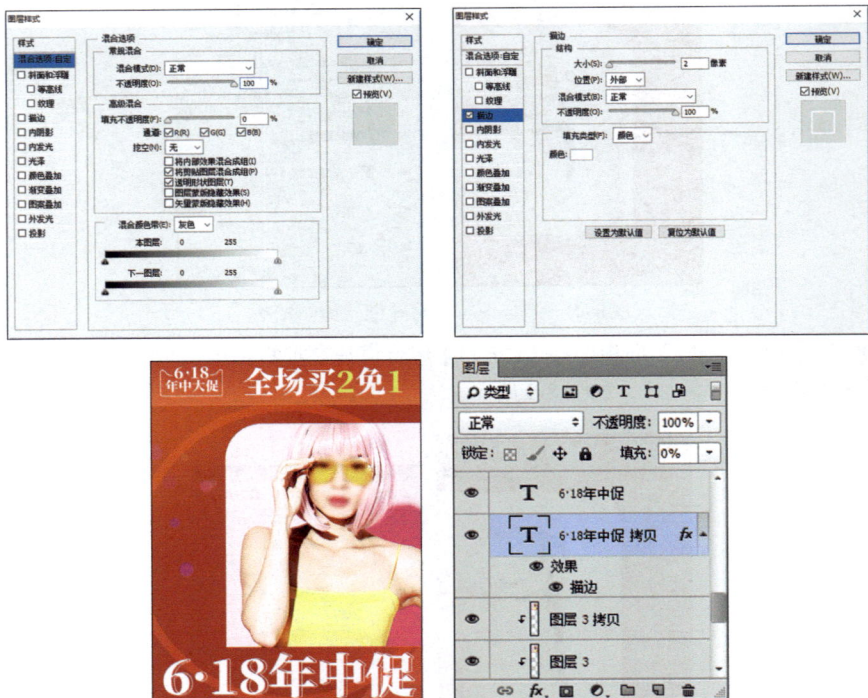

图8-11　为文字添加图层样式

步骤 09 使用直排文字工具输入文字"FASHION"，并在"字符"面板中设置文字属性，其中颜色为RGB（252，110，68），如图8-12所示。

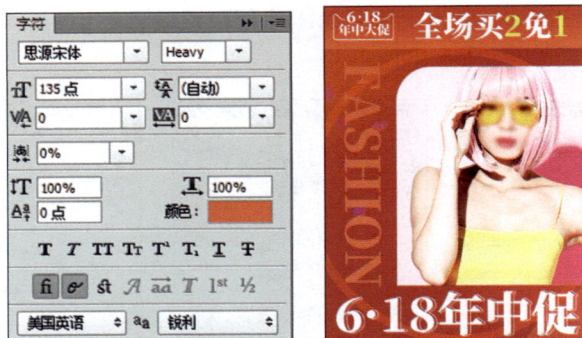

图8-12　添加装饰性文字

步骤 10 选择椭圆工具，在其工具属性栏中设置填充颜色为RGB（248，51，43），描边颜色为RGB（253，216，159），描边宽度为2点，绘制一个圆形，然后按【Ctrl+J】组合键3次复制圆形，并将它们移至合适的位置，如图8-13所示。

图8-13　绘制圆形并复制

步骤 ⑪ 选择横排文字工具，输入所需的促销文字，在"字符"面板中对文字属性进行设置。选中所有促销海报图层，按【Ctrl+G】组合键进行图层编组，得到"组1"，如图8-14所示。此时，女装店铺移动端首页的首焦海报制作完成。

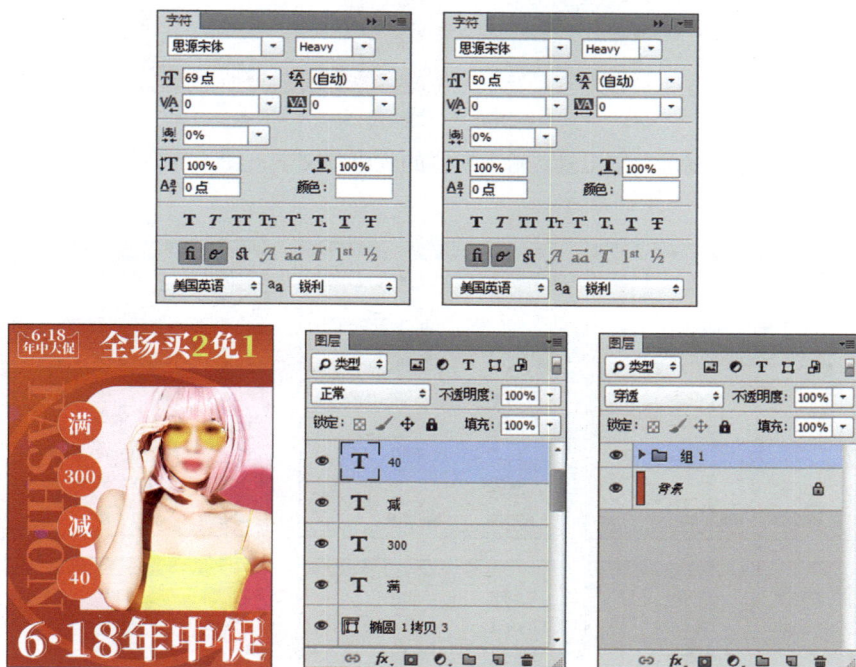

图8-14　添加促销文字

步骤 ⑫ 选择圆角矩形工具，绘制4个圆角矩形作为优惠券背景，在"属性"面板中设置各项参数，其中填充颜色分别为白色、RGB（244，58，51）和 RGB（254，179，62）。选择椭圆工具，在其工具属性栏中设置填充颜色为 RGB（252，113，68），绘制一个小圆，如图8-15所示。

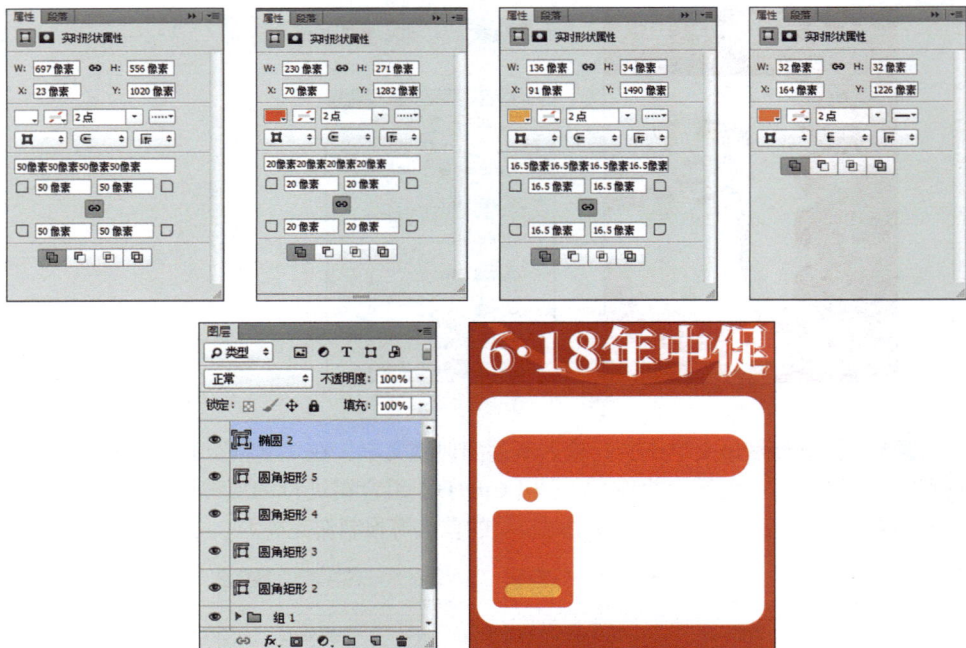

图8-15　绘制图形

步骤 13 选择横排文字工具，输入所需的优惠券文字，在"字符"面板中分别对文字属性进行设置，如图 8-16 所示。

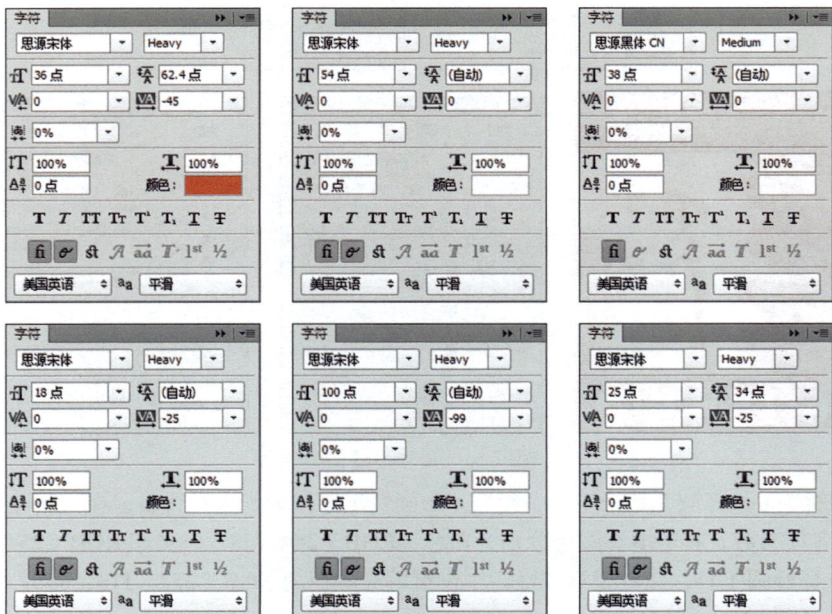

图8-16　添加优惠券文字

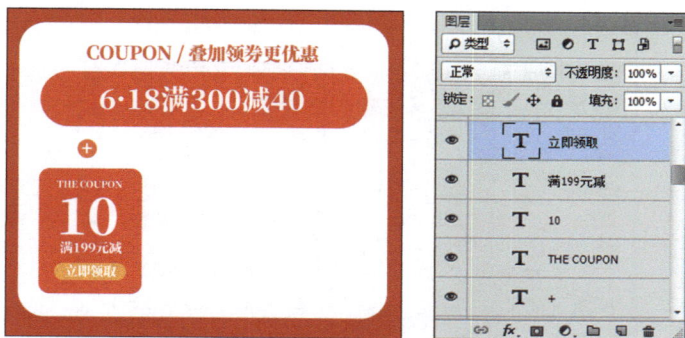

图8-16 添加优惠券文字（续）

步骤 ⑭ 在"图层"面板下方单击"创建新组"按钮，新建"组2"图层组，将制作好的所有优惠券图层放到该图层组中。按【Ctrl+J】组合键复制该图层组，选择横排文字工具，更改相应的文字，完成其他优惠券的制作。按【Ctrl+G】组合键进行图层编组，得到"组3"，如图8-17所示。

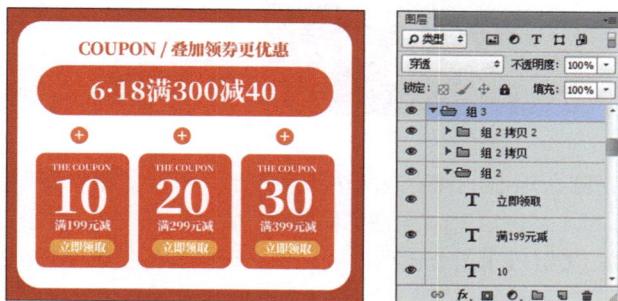

图8-17 制作其他优惠券

步骤 ⑮ 选择圆角矩形工具，绘制一个圆角矩形边框，在"属性"面板中设置各项参数。选择矩形选框工具，按住【Shift】键绘制两个矩形选区。按住【Alt】键的同时单击"图层"面板下方的"添加图层蒙版"按钮，隐藏多余的图像，如图8-18所示。

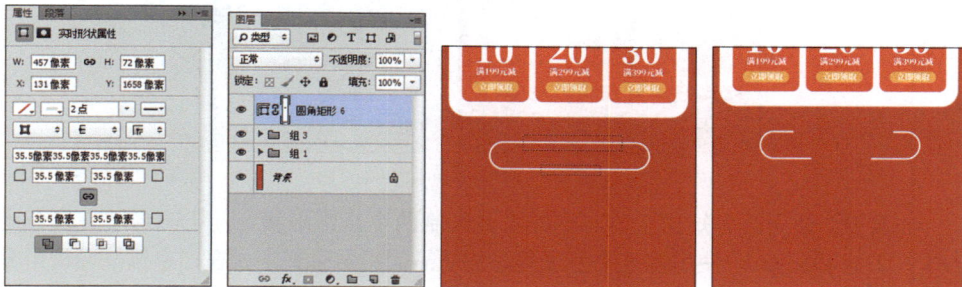

图8-18 绘制边框并添加图层蒙版

步骤 ⑯ 选择横排文字工具，输入促销板块标题，并在"字符"面板中分别设置文字属性。使用椭圆工具绘制装饰性图形，选中所有标题图层，按【Ctrl+G】组合键进行图层编组，得到"组4"，如图 8-19 所示。

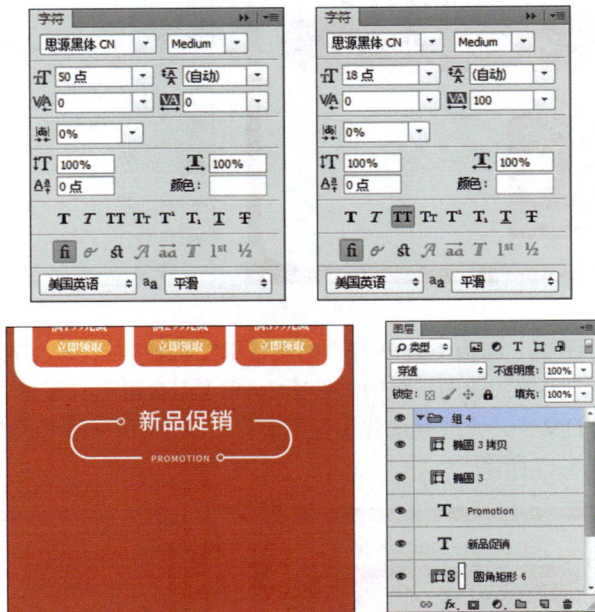

图8-19　添加文字并绘制装饰性图形

步骤 ⑰ 使用圆角矩形工具绘制两个圆角矩形，打开"素材文件 \ 第 8 章 \04.jpg、05.png、06.png"，单击"图层"|"创建剪贴蒙版"命令，使导入的模特照片正好装入所绘制的矩形中，按【Ctrl+T】组合键调出变化框，调整其他装饰图像的大小，如图 8-20 所示。

图8-20　绘制图形并添加装饰素材

步骤 ⑱ 使用圆角矩形工具和椭圆工具绘制两个修饰形状，其中圆形填充颜色为 RGB（223，49，42）。使用横排文字工具添加新品促销信息文字，在"字符"面板中分别设置文字属性，其中文字颜色为白色和 RGB（255，69，48），如图 8-21 所示。

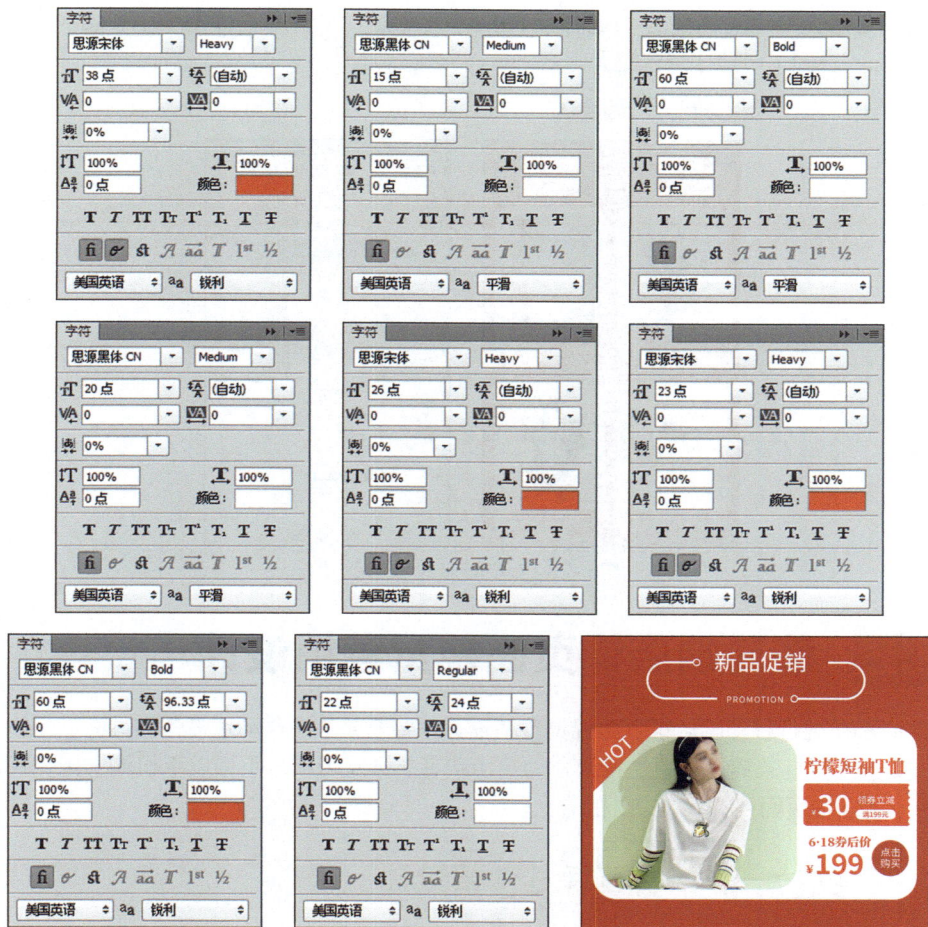

图8-21　添加新品促销信息文字

步骤 ⑲ 在"图层"面板下方单击"创建新组"按钮，新建"组5"图层组，将制作好的新品促销图层放到该图层组中。按【Ctrl+J】组合键复制该图层组，打开"素材文件\第8章\07.jpg"，更改模特图片及相应的文字，完成其他促销新品的制作，如图8-22所示。

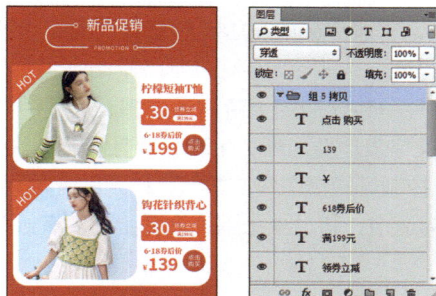

图8-22　制作其他促销新品

165

步骤 ⑳ 采用同样的方法制作店长推荐商品区，并导入"素材文件 \ 第 8 章 \08.jpg~11.jpg"，按【Ctrl+T】组合键调出变化框，调整它们的大小和位置。选择自定形状工具，添加"购物车"图标，如图 8-23 所示。

图8-23　制作店长推荐商品区

8.2　移动端店铺页面视觉营销设计

商家在进行移动端店铺页面视觉营销设计时要充分考虑移动端设备和页面显示的特点，使页面视觉营销设计更加符合移动端消费者的浏览习惯。下面以手机淘宝为例，讲解移动端店铺页面视觉营销设计的方法。

8.2.1　移动端店铺首页视觉营销设计

与 PC 端店铺首页相比，移动端店铺的显示范围较窄，且移动端店铺首页没有侧边栏信息条。移动端店铺首页同样包括轮播图片、优惠信息区、商品分类导航和商品分类展示等信息，但仍需对其细节进行优化设计，以吸引消费者进店消费。

1．轮播图片设计

轮播图片也称焦点图，它通常被放在店铺的首焦页面，也就是第一屏中能被消费者快速看到的位置。

通常情况下，轮播图片中包含店铺上新活动通知、促销活动展示等内容。轮播图片包含的内容要尽量简洁，文字表现要清晰，主次分明且能达到快速传播的目的。

此外，商家也要注意控制好轮播图片的数量，以及图片展示的先后顺序。一般来说，2 ~ 4 张图片轮播展示较为适中，超过 4 张图片会耗费消费者过多的时间，甚至让其失去浏览的耐心。

在设计轮播图片展示的先后顺序时，商家可以根据店铺活动的重要程度或先后顺序对轮播图片的位置进行相应的调整。

2．优惠信息区设计

优惠信息区一般位于店招或轮播图片下方，通常包括两个部分，即优惠券信息和优惠活动信息。

商家在设计优惠券时，要重点突出优惠券的面额，可以使用一些较为鲜艳、富有刺激性的色彩，以更好地吸引消费者的注意。商家可以在优惠券上添加"立即领取"之类的视觉元素，这样可以在一定程度上引导消费者产生点击行为，如图8-24所示。一排中放置的优惠券的数量最好不要超过3个，以免因为页面限制导致图片过度压缩，给消费者带来不好的浏览体验。优惠活动信息是介绍店铺推出的相关优惠活动，如下单赠送礼品信息、某些商品折扣信息等，如图8-25所示。优惠活动信息的设计要简洁，重点突出消费者享受优惠的方式。

图8-24　优惠券设计

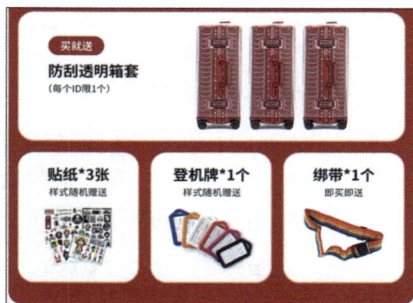

图8-25　优惠活动信息

3．商品分类导航设计

通常情况下，在移动端店铺首页中，展示完轮播图片或优惠信息区板块后便会出现分类导航板块。移动端商品分类导航的视觉设计可以与PC端保持统一，但商家在设计时要让其排版与移动端的屏幕显示特点相适应，要注意控制好显示尺寸与比例，使其能够清晰、完整地展示在消费者面前，起到快速导航的作用，如图8-26所示。

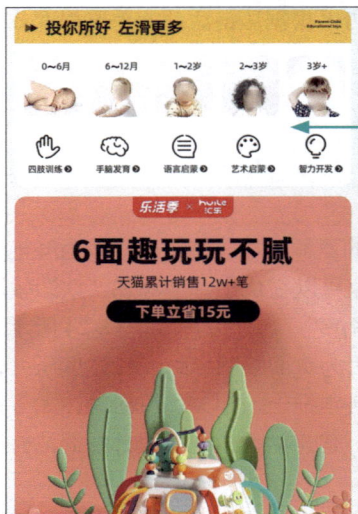

商品分类按钮足够明显，分别按照婴幼儿的年龄和商品功能进行分类，且分成两行来展示。这有助于消费者按照不同的维度在店铺中寻找符合自己需求的商品

图8-26　商品分类导航

4．商品分类展示设计

商品分类展示板块通常出现在商品分类导航之后。与 PC 端店铺首页一致，商品分类展示板块会被分为几个区域，但移动端的展示空间较小，为了迎合消费者求快、求便的心理，移动端商品分类展示应当尽量简洁，并在第一时间展示商品图片，如图 8-27 所示。

只有商品名称、商品特点和价格描述，且描述内容简洁，让人一目了然

图8-27　商品分类展示

商家可以根据需要将商品分类展示区划分为多个不同的展示区，将同一类型的商品放置在同一个展示区内。例如，商家将商品分类展示区划分为新品展示区、热销款展示区，这样能让页面显得更加有秩序，如图 8-28 所示。

图8-28　按照新品、热销款划分展示区

需要注意的是，分区不宜过多，因为过多的分区会导致消费者长时间下拉页面，很可能会使他们失去浏览的耐心，位于下方的展示区便会失去存在的意义。此外，商品分类展示的每一区中的商品图片也不宜过多。由于手机显示屏幕较窄，图片横向组合时，考虑到要让消费者看清商品图片，每一行放2张图片较为合适。简洁、整齐的图片排列组合能让移动端的消费者获得更好的浏览与购物体验。

8.2.2　移动端店铺商品详情页视觉营销设计

与PC端商品详情页相比，移动端商品详情页的尺寸更小、页面切换不便。因此，基于移动端商品详情页的特点，商家在实施移动端商品详情页视觉营销设计时，要注意以下3点。

1．图片设计

图片文件不要太大，以免加载速度缓慢，给消费者带来不好的浏览体验。在压缩图片文件时，首先要保证图片的清晰度，只有图片清晰，才能让消费者更好地了解商品。商品的细节图不能太小，要能让消费者在图片中看清商品细节，并产生购买欲。

2．文字设计

商品详情页图片中的文字、商品细节描述的文字都不能太小、太密。商家在设计商品详情页时，要让文字信息显得主次分明且富有节奏感，这样在突出重点信息的同时，也在适当的变化中减轻消费者的阅读负担。

3．关联商品设计

基于移动端屏幕显示尺寸的限制，商家不宜在商品详情页中插入过多的与商品信息无关的关联商品图片。一般来说，关联商品图片在 3 ~ 4 张较为合适，且与所销售商品相关或配套的商品更能引起消费者的关注。

课堂练习1：分析实木沙发移动端商品详情页

图 8-29 所示为实木沙发移动端的部分商品详情页，请分别从首焦海报、细节图、文案和商品参数等方面分析该详情页的特点。

● 首焦海报分析

首焦海报以商品为展示重点，配以怀旧的棕色调，在标题栏、文字和修饰元素的配色上，基本使用了与棕色相协调的色彩进行搭配，呈现出高雅、高档的视觉效果。

● 细节图分析

在"商品细节效果图"板块中，使用简短的文字对沙发各个部分的工艺和选材进行说明，让消费者更加直观地了解沙发的特点。

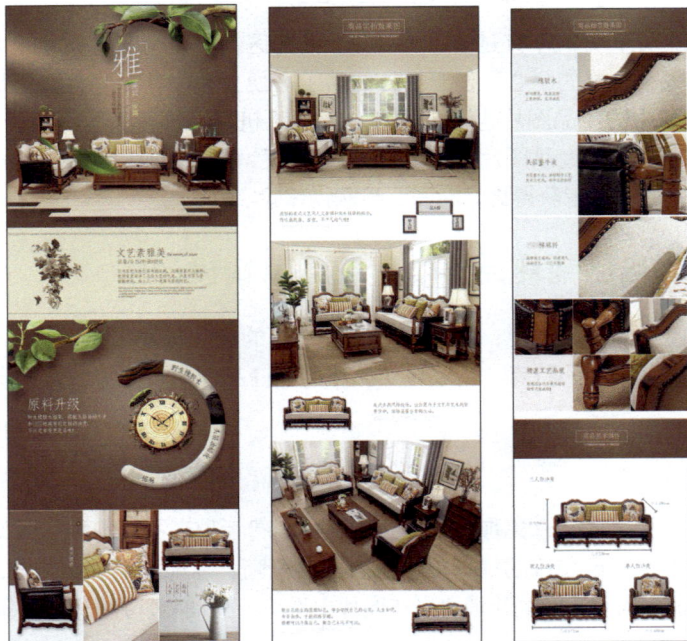

图8-29 实木沙发移动端部分商品详情页

● 文案分析

在文案文字的编排上，版式较为灵活，使用的字体外形也比较大气，色彩以黑色、棕色和白色为主，营造了沉稳、大气的氛围。

● 商品参数分析

在"商品基本属性"板块列出了详细的商品尺寸参数，能让消费者对沙发的大小一目了然。

课堂练习2：设计代餐麦片移动端商品详情页

下面制作代餐麦片移动端商品详情页，最终效果如图 8-30 所示。页面中的商品颜色为高明度的浅色系，所以整体背景颜色选择了饱和度较高的橙色进行搭配，产生活泼、清新的视觉效果。采用错落有致的图像放置方法，并用简单的文字进行说明，让页面版式显得灵活多变，富有设计感。

图8-30 代餐麦片移动端商品详情页最终效果

步骤 01 在 Photoshop CC2013 中单击"文件"|"新建"命令，弹出"新建"对话框，设置图像大小为 640 像素 ×4275 像素，背景色为白色，然后单击"确定"按钮。打开"素材文件 \ 第 8 章 \12.jpg"，将其导入图像窗口中，作为首焦海报的背景，如图 8-31 所示。

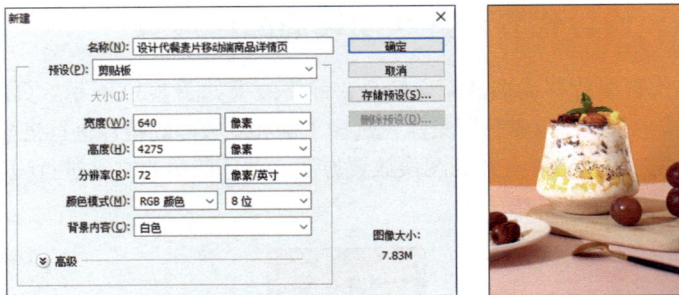

图8-31 导入首焦海报背景素材

步骤 02 打开"素材文件\第 8 章\13.png、14.png"，将它们分别导入图像窗口中，按【Ctrl+T】组合键调出变换框，调整图像的大小和位置，如图 8-32 所示。

图8-32 导入装饰素材并调整

步骤 03 使用横排文字工具输入所需的海报文字，在"字符"面板中分别设置文字属性，如图 8-33 所示。

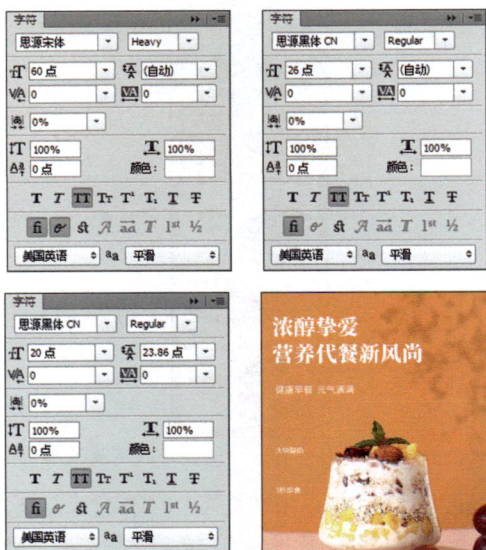

图8-33 添加海报文字

步骤 04 单击"图层"|"图层样式"|"投影"命令，在弹出的对话框中设置各项参数，其中投影颜色为 RGB（233，129，52），然后单击"确定"按钮。用右键单击文本图层，在弹出的快捷菜单中选择"拷贝图层样式"命令。选中其他文本图层并用右键单击，在弹出的快捷菜单中选择"粘贴图层样式"命令，为文字添加阴影效果，如图 8-34 所示。

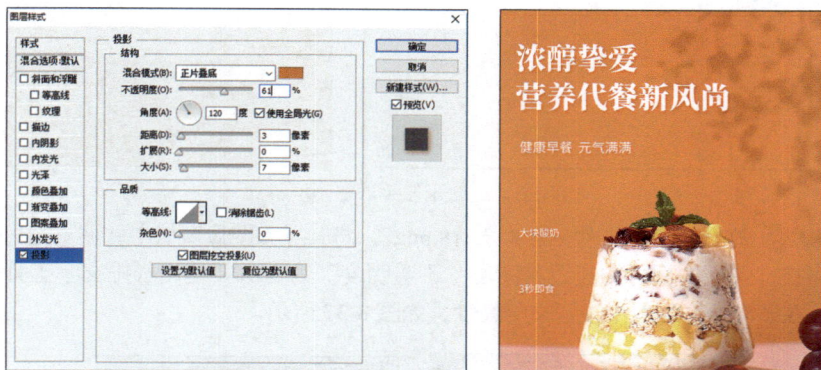

图8-34　为文字添加投影效果

步骤 05 打开"素材文件 \ 第 8 章 \15.png、16.png、17.png"，将它们分别导入图像窗口中，按【Ctrl+T】组合键调出变换框，调整图像的大小和位置。使用矩形工具绘制一个小的方形边框，使用横排文字工具输入装饰性文字，为其添加"投影"图层样式，效果如图 8-35 所示。

图8-35　添加素材和装饰性边框、文字

步骤 06 在"图层"面板下方单击"创建新组"按钮，新建"组 1"图层组，将制作好的所有首焦海报图层放到该图层组中。使用矩形工具在图像窗口中绘制一个矩形，然后双击该形状图层，在弹出的"图层样式"对话框中设置"渐变叠加"图层样式的各项参数，其中渐变色为 RGB（233，127，51）到 RGB（255，156，77），单击"确定"按钮，如图 8-36 所示。

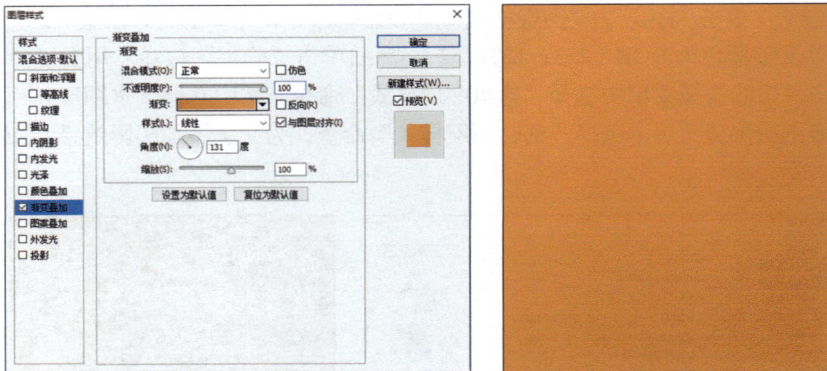

图8-36　绘制矩形并添加图层样式

步骤 **07** 打开"素材文件 \ 第 8 章 \18.png"，将其导入图像窗口中并调整图像的大小和位置，在"图层"面板中设置其图层"不透明度"为 50%。使用横排文字工具输入标题文字，在"字符"面板中设置文字属性，如图 8-37 所示。

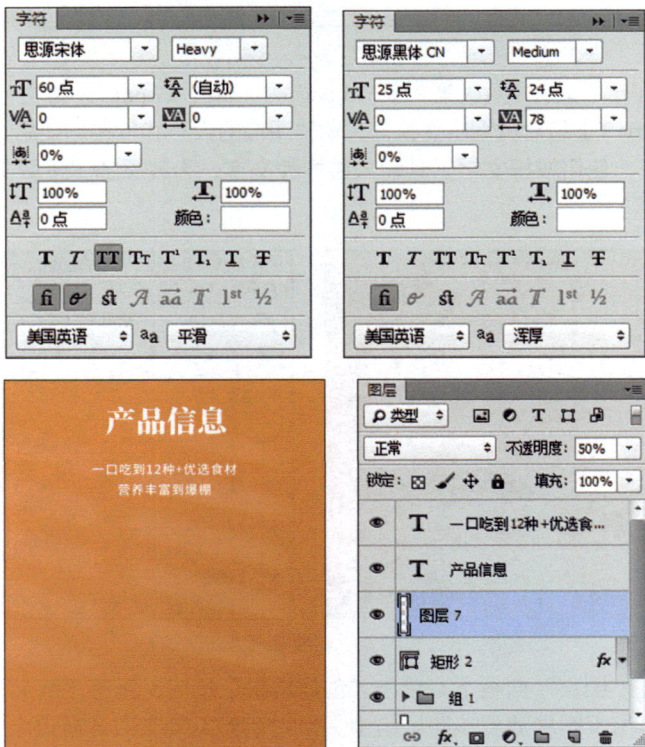

图8-37　添加素材和标题文字

步骤 **08** 使用椭圆工具和圆角矩形工具绘制装饰性图形，用前面介绍的方法复制"投影"图层样式，为文字添加投影效果，如图 8-38 所示。

图8-38 为文字添加投影效果

步骤 **09** 选择横排文字工具，输入所需的产品信息文字，在"字符"面板中设置文字属性。使用直线工具绘制多条直线，在其工具属性栏中设置填充颜色为 RGB（221，117，38）。选中所有的产品信息图层，按【Ctrl+G】组合键进行图层编组，如图 8-39 所示。

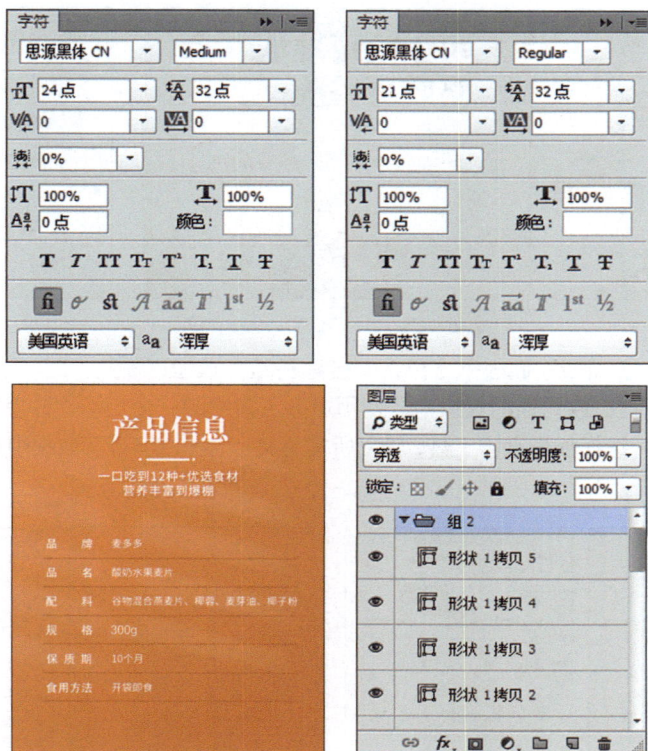

图8-39 添加产品信息文字

步骤 **10** 使用矩形工具绘制一个矩形，打开"素材文件 \ 第 8 章 \19.jpg"，将其导入到图像窗口中。按【Ctrl+Alt+G】组合键创建剪贴蒙版，调整图像的大小和位置。使用横排文字工具输入所需的文字，在"字符"面板中设置文字属性，如图 8-40 所示。

图8-40　导入商品素材并添加文字

步骤 ⑪ 打开"素材文件 \ 第 8 章 \20.png"，将其导入图像窗口中。使用横排文字工具输入所需的文字，在"字符"面板中设置文字属性，其中文字颜色为 RGB（238，134，57），然后使用椭圆工具绘制装饰性图形，如图 8-41 所示。

图8-41　导入素材并添加文字

步骤 ⑫ 在"图层"面板下方单击"创建新组"按钮，新建"组 3"图层组，将制作好的商品卖点图层放到该图层组中。使用矩形工具绘制一个矩形，并填充颜色为 RGB（253，153，74）。选择横排文字工具，输入所需的文字，在"字符"面板中设置文字属性，如图 8-42 所示。

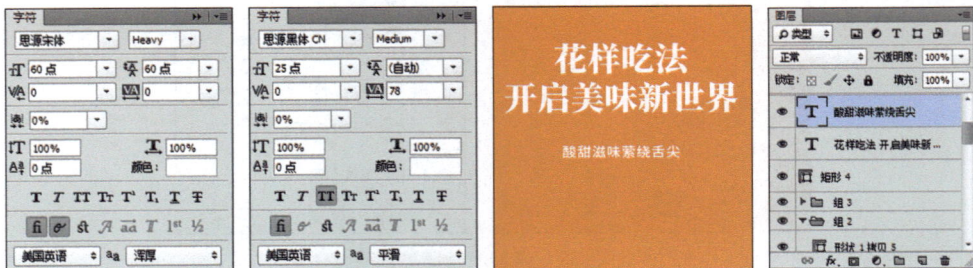

图8-42　绘制矩形并添加文字

步骤 ⑬ 用前面介绍的方法复制"投影"图层样式，为文字添加投影效果，然后使用椭圆工具和圆角矩形工具绘制装饰性图形，如图 8-43 所示。

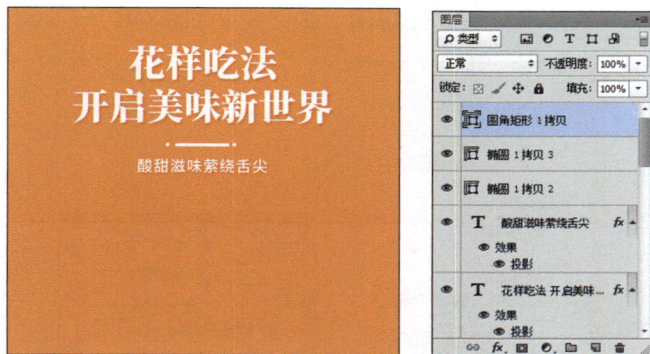

图8-43　为文字添加投影效果并绘制装饰性图形

步骤 ⑭ 选择圆角矩形工具，在其工具属性栏中设置"半径"为 20 像素，绘制一个圆角矩形。选择矩形工具，绘制一个灰色矩形，如图 8-44 所示。

图8-44　绘制矩形

步骤 ⑮ 打开"素材文件 \ 第 8 章 \21.jpg"，将其导入到图像窗口中。单击"图层"|"创建剪贴蒙版"命令，隐藏多余的图像。使用横排文字工具输入所需的文字，在"字符"面板中设置文字属性，其中文字颜色分别为 RGB（238，134，57）和黑色，然后使用圆角矩形工具绘制装饰性图形，如图 8-45 所示。

图8-45　添加商品素材和说明文字

步骤 ⑯ 在"图层"面板下方单击"创建新组"按钮，新建"组 4"图层组，将制作好的商品食用细节图层放到该图层组中。按【Ctrl+J】组合键复制图层组，更改相应的文字和商品素材，完成其他细节部分的制作，最终效果如图8-46所示。

图8-46　最终效果

课后习题

1. 简述移动端店铺页面视觉营销设计的要点。

2. 找出两家优质女装店铺并分析它们在移动端首页设计上的共性。

3. 利用提供的素材文件，为某零食店铺设计碧根果移动端商品详情页首焦海报，效果如图8-47所示。

图8-47　零食店铺移动端商品详情页首焦海报

演示视频

第9章

电商品牌文案与视觉营销设计案例剖析

【学习目标】
- ➤ 掌握服饰行业文案写作与视觉营销设计的要点。
- ➤ 掌握食品行业文案写作与视觉营销设计的要点。
- ➤ 掌握家纺行业文案写作与视觉营销设计的要点。

【素质目标】
- ➤ 践行社会主义核心价值观。
- ➤ 弘扬爱岗敬业精神，倡导"客户至上"的职业价值观。

　　"他山之石，可以攻玉"，本章遴选了一些优秀的电商文案与视觉营销设计案例，通过分析这些文案与视觉营销设计的特点来探讨电商品牌撰写网店文案和实施视觉营销设计的方法和策略，帮助读者从中汲取精华，提升自身文案撰写和视觉营销设计的能力。

9.1 服饰行业文案与视觉营销分析

在电子商务领域，服饰是各大电商平台的主要类目之一。很多服饰类商家通过运用精致的文案和页面设计为店铺吸引了更多的流量，有效地提高了店铺商品的转化率。

9.1.1 首页文案与视觉营销设计

首页能够树立品牌形象，分流引导消费者关注商品信息，是网店营销的重要渠道，所以首页的设计尤为重要。下面来看几个服饰行业优秀的首页文案与视觉营销设计案例，如图9-1所示。

首屏：这是进入消费者视野的第一屏，采用轮播图片的形式，用"浅黄色＋模特＋文案"为消费者营造出了初夏的氛围，并突出了服装材质舒服、浪漫的特点

一句话文案：用"品味初夏"给消费者营造出时尚、宁静的氛围，可以增加消费者对商品的信任度

店招与导航条：导航栏目以商品类别分类，很容易让消费者找到自己想要的商品，并且店招设计简洁、排版合理，符合店铺整体的风格

商品分类：简单的分类呼应了首页的整体色调和风格

图9-1 服饰行业优秀的首页文案与视觉营销设计案例

更多分类：以"图片＋文字"的形式做分类，能让消费者更容易了解分类信息，并且增强了页面的视觉效果

商品陈列：这属于普通陈列，简单、明了，并且以商品类型来划分陈列格局，商品图简洁、大方，充分地展示了商品的特点

商品分类：整个分类图片版式相似，提高了页面的美观性

甜美分类：将分类做成富有活力、甜美、可爱的样子，很容易吸引到想拥有甜美风格衣服的消费者

图9-1 服饰行业优秀的首页文案与视觉营销设计案例（续）

细节陈列：针对某类商品的某一特性进行文案撰写，展示出此类商品的特点，吸引消费者的眼球

图9-1　服饰行业优秀的首页文案与视觉营销设计案例（续）

首页的首屏是由店招、导航条、首焦（广告图、海报）组成的，这3个组成部分要在色彩、风格上达成一致，不能有太大的反差，否则会让某些元素在页面中显得很突兀，且会模糊品牌的定位，破坏视觉效果。下面来看几种首焦常见的风格，如图9-2所示。

异域风：利用"模特＋文案＋背景颜色"体现出了异域风情。文案中简练地概括了这款女装的风格和特点

文艺风：整张图以绿色背景画面为主，文案简短精辟，将消费者带入一个文艺、宁静、安逸的意境

小清新风：利用背景颜色和活泼的字体文案，将消费者带入小清新的氛围中

图9-2　首焦常见的风格

复古风:此图将消费者带入复古情境,让她们将自己想象成一个笑靥如花的书香门第的女子

清爽风:利用图片烘托出清爽的氛围,突出商品的风格

图9-2　首焦常见的风格(续)

9.1.2　商品详情页文案与视觉营销设计

详情页是展示商品特点的重要位置,可以放置商品细节、商品设计理念等信息。下面来看几个服饰行业优秀的商品详情页文案与视觉营销设计案例,如图9-3所示。

第一屏:在第一屏介绍设计理念往往是不错的选择,此图利用文案烘托出时尚、潮流的氛围,通过模特图和文案的解说,将消费者引入一个可以时尚又能舒适的遐想空间

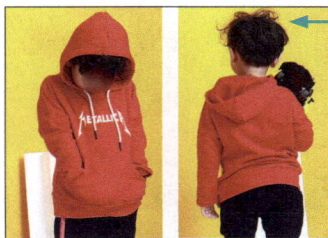

模特展示:模特从不同的角度对商品进行展示,一般服饰行业都会使用多角度的拍摄方式来拍摄服饰的上身效果,将商品的每个"面"都展示出来。模特展示图的背景色调需要一致,图中可以不添加文案,只专注于视觉的呈现

图9-3　服饰行业优秀的商品详情页与视觉营销设计案例

在商品详情页中还有一个重要的要素就是细节展示，一般商品上架都会辅以简短的文案对细节图进行详细诠释。下面来看几种细节展示的方式，如图 9-4 所示。

展示细节：这是一种直接截取细节部分的图片进行展示的方法，并在每个细节上加入一句简短的文案来突显细节的特点、风格、理念等

展示细节：这种方式的细节展示并不会太过全面，只会就一些消费者通常会在意的地方进行展示说明，一般都是介绍领口、缝线、拉链、面料等

展示细节：重点展示服装的面料，但这种细节展示方法不能让消费者更加清晰明了地了解细节在整个商品中的位置

图9-4 详情页细节呈现示例

9.1.3 广告活动文案与视觉营销设计

一般服饰行业的活动视觉文案必须有活动主题、活动时间，如图 9-5 所示。

商家在设计活动视觉文案时，要用简洁的话语描述关于活动的重要内容，避免出现图片排版空洞、色彩冲突的现象。

活动时间：放置活动时间，将开始和结束的时间写清楚

活动主题：可以放置促销信息、活动标题、品牌等

图9-5　广告活动文案

广告图一般用来展示促销信息，广告图的风格很重要，这是决定消费者能否被广告图吸引的重要因素。一般来说，商家要注意广告图的构图方式是否美观、是否能突出促销主题、是否具有独特的风格等问题。下面来看几个服饰行业优秀的广告活动文案与视觉营销设计案例，如图9-6所示。

广告主题：在显眼的位置，用显眼的字体、颜色突出广告主题

整体风格：整张图由"文案+模特+背景颜色"构成，营造出了一种青春、可爱的氛围，让消费者从视觉上感受到青春的气息。文案中"妙龄"一词与服装的风格、特点相符

构图方式：图片和文案两分的构图突出了商品优雅、透气等特点

图9-6　服饰行业优秀的广告活动文案与视觉营销设计案例

活动视觉文案应该将文字放在最醒目的位置，字号大一些。当广告图中有商品图片时，应以商品图片为主，文字要比商品图片小一些。在广告图中还可加一些突出商品特点的元素，如服饰的细节、材质等，让消费者快速地了解商品。

9.2 食品行业文案与视觉营销分析

"民以食为天"，食品也是各大电商平台的重点类目之一。下面就来介绍食品行业优秀的文案和视觉营销设计方法。

9.2.1 首页文案与视觉营销设计

电商食品行业的首页很多千篇一律，很少像其他行业那么花哨，其陈列的模式几乎都是普通摆放，首屏以广告图为主，极少有一句话文案的海报。下面来看几个食品行业优秀的首页文案与视觉营销设计案例，如图9-7所示。

店铺以品牌名命名，并使用了品牌Logo，有利于提高消费者对店铺的认可度；在店招中添加品牌宣传语，通过宣传语向消费者彰显品牌实力，有利于增强消费者的信任度；在介绍每日坚果时，文案"每天一包 营养洽洽好"体现了坚果的特点，"洽洽好"谐音"恰恰好"，既是说"洽洽"品牌好，又是说此款坚果每天食用一包即可；导航条使用了与店招背景不同的颜色，让导航条更加醒目

店铺以品牌名命名，有利于提高消费者对店铺的认可度；店招背景使用高饱和度的绿色，比较醒目；为店名做了艺术化的处理，使店名更加美观；导航条上使用了图层样式，使导航条上的信息层次显得更加清晰

图9-7 食品行业优秀的首页文案与视觉营销设计案例

首焦：图片中的场景将文案中的"自家人吃的好月饼"体现得淋漓尽致，很容易让消费者联想到自己的家人，迎合了消费者渴望一家团圆的心情

构图：此页面以S形构成一个视觉动线，使消费者跟着S形的线条来浏览首页的商品图

色彩：氛围色为蓝色，营造大气的氛围；功能色为红色，让商品更突出；搭配色为黄色，丰富页面色彩

陈列：商品陈列整体统一，采用统一的色调、统一的格局，并且以Z字形为构图模式，将消费者的视线聚集在一处，这是一种比较常见的构图方式

导航区：以"商品图片＋文字"的形式排列，分类简洁清晰，便于消费者快速找到自己想要的商品

图9-7 食品行业优秀的首页文案与视觉营销设计案例（续）

电商食品行业的首页可以不弄得那么花哨，但要层次分明，内容排列有序。最简单、效果也不错的一种方式就是按照商品类型将首页分成几个小板块进行商品介绍，这样能够清楚地向消费者展现出店铺内的商品信息。

9.2.2 商品详情页文案与视觉营销设计

　　商品详情页是促使消费者购买商品的重要页面，如果商品详情页得以有效利用，就能引发消费者对商品产生难以割舍的感情，并促使其产生购买行为。下面来看几个食品行业优秀的商品详情页文案和视觉营销设计案例，如图9-8所示。

第一屏：食品行业的详情页第一屏往往是一些广告，往下翻才能看到该款商品的详细内容，这是一种食品电商行业先推广其他商品再介绍主要商品的常用方法，需要注意的是，推广的商品要与主要商品的类型类似，不然就会给消费者一种"驴唇不对马嘴"的感觉

详情页主要内容：食品行业的详情页里几乎很少出现带模特的图片，一般是重点展示和介绍食品选材、用料，制作工艺精良、口感好，以及食品的食用场合、食用方法等。在此详情页中，商家重点介绍了芒果干的口感

芒果干的工艺：对于食品行业来说，以图片为主、文案为辅的情况比较多，此图就以这种方式介绍了芒果干的选材和加工工艺，体现了品牌选材安全，制作工艺考究的特点

食用场景展示：展示了芒果干的多个食用场景，每个食用场景都采用上文下图的形式，页面版式整齐；背景使用了浅绿色，且场景图以圆角矩形作为边框凸显，增加了页面的立体感

图9-8　食品行业优秀的商品详情页文案和视觉营销设计案例

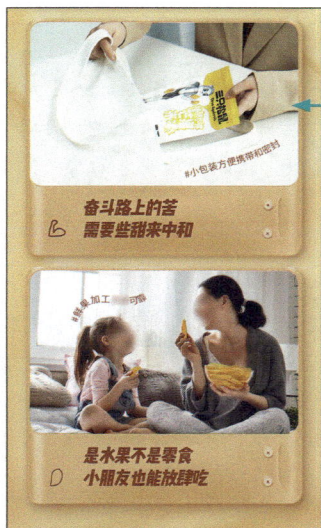

情感文案：页面中介绍了芒果干的食用场景，文案"奋斗路上的苦，需要些甜来中和"具有情感性，容易激发消费者的认同感；展示了芒果干的多个食用场景，每个食用场景都采用上图下文的形式，页面版式整齐；背景使用了黄色，且场景图以圆角矩形作为边框凸显出来，增加了页面的立体感

实力展示：展示线下实体店，彰显企业实力，有利于增加消费者对网店品牌的信任度

图9-8　食品行业优秀的商品详情页文案和视觉营销设计案例（续）

9.2.3　广告活动文案与视觉营销设计

电商食品行业的广告图很简单，就是直接将"商品＋促销信息"展示到消费者的面前。活动图在色彩上要协调，最好不要选择冷色调，要选择暖色调并且能让消费者感觉舒适的颜色，这样更能吸引消费者。

下面来看几个电商食品行业优秀的广告活动文案和视觉设计案例，如图 9-9 所示。

色彩：此图的配色给人一种浪漫的感觉，再加上商品图与文案的完美配合，让消费者产生深刻印象，并以"解一整个夏天的暑"来刺激消费者的眼球，激发其购买欲

图9-9　食品行业优秀的广告活动文案与视觉营销设计案例

制造限制：将图片与文案一分为二地排列，鲜明地突出广告主题，再以"满299减50"来刺激消费者的购买欲

突出活动主题：此图旨在突出"庆端午"的活动主题，属于热点营销，用"超值拼团 全场半价"的优惠信息吸引消费者的注意力；图片以浅绿色调为主，与商品调性相符

突出活动内容：此图以"9.9小店采货节"为活动主题，并突出"满300减30"这一活动内容。图片采用左文右图的形式，使用与图片背景不同的颜色对优惠券进行突出，让优惠券更加明显，易吸引注意力

突出活动主题：以中秋节为活动主题，图片中添加了灯笼、月亮等与中秋节相关的元素，很有氛围；将活动主题和商品放在图片的正中间，使其更加明显、突出，易于聚焦消费者的视线

图9-9　食品行业优秀的广告活动文案与视觉营销设计案例（续）

9.3　家纺行业文案与视觉营销分析

在购买家纺类商品时，消费者比较关注商品的材质和其与房间装修的搭配效果，商家在撰写此类商品的文案和实施视觉营销设计时，可以重点突出这些方面。

9.3.1　首页文案与视觉营销设计

下面来看几个家纺行业优秀的首页文案与视觉营销设计案例，如图 9-10 所示。

一句话文案：用"简约不凡"四个字概括了此款商品的特点。

图片设计：文案放在图片中间，非常醒目；画面整体采用蓝色调，显得高端、大气

首屏：店招和导航条虽然精简却不失可读性。文案和商品图片搭配，可以烘托整个店铺优雅、简约的氛围

商品分类：将商品按照风格进行分类，文案、图片都呈现出一种简约的风格，且图片中商品的拍摄角度一致，让整个商品分类区的画面显得规整、高雅

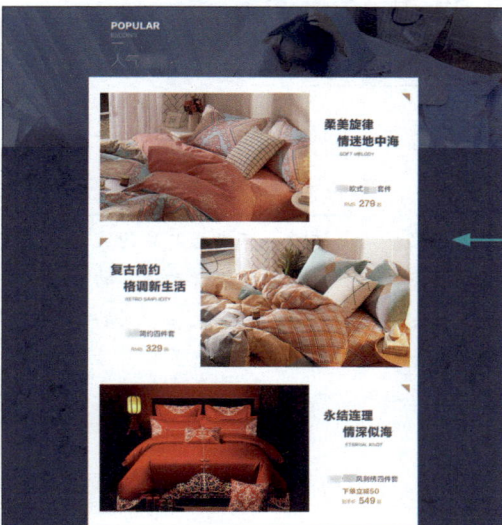

商品陈列：在分类之后，立刻陈列商品，加深消费者对商品的印象。商品陈列区采用Z字形的陈列方式，使消费者形成一个Z字形视角，便于消费者快速浏览文案及商品图片

图9-10 家纺行业优秀的首页文案与视觉营销设计案例

图9-10　家纺行业优秀的首页文案与视觉营销设计案例（续）

保障：家纺行业的店铺首页一般都会有品质保障、7天无理由退换等质保信息，多位于首页的最下方

9.3.2　商品详情页文案与视觉营销设计

家纺行业的商品详情页中模特图比较少，多是带有场景的商品图片。下面来看几个家纺行业优秀的商品详情页文案和视觉营销设计案例，如图9-11所示。

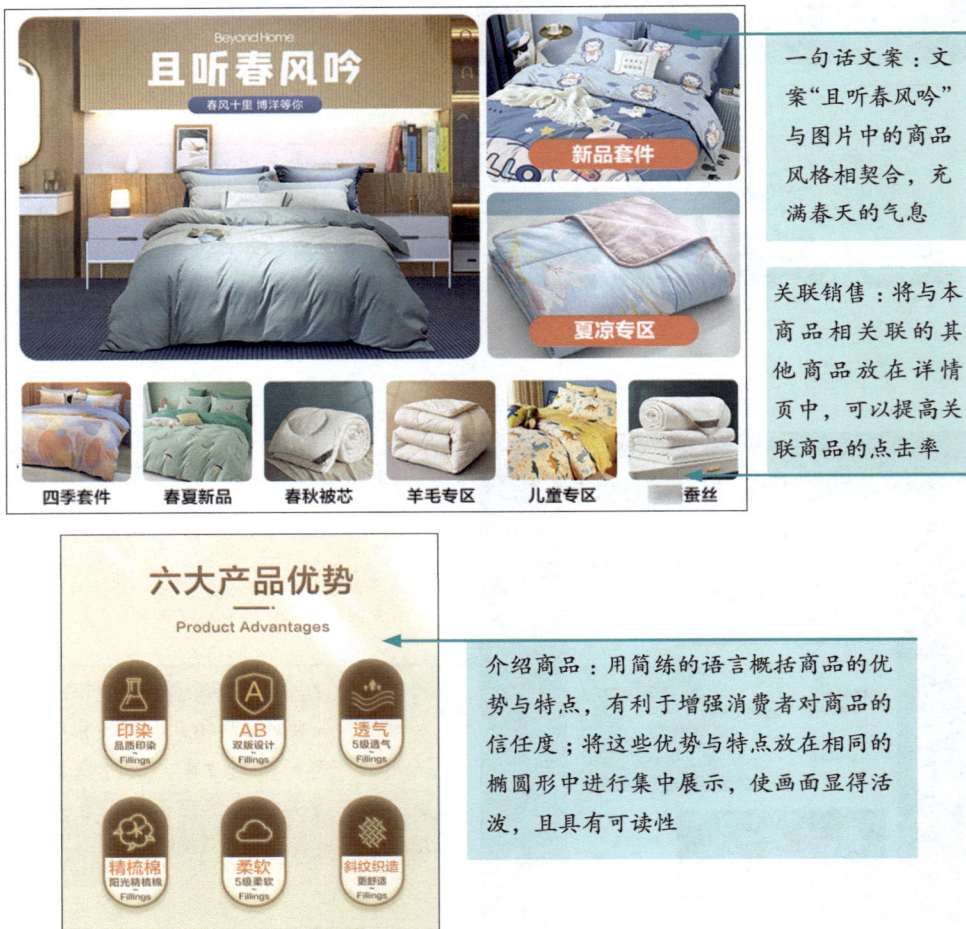

一句话文案：文案"且听春风吟"与图片中的商品风格相契合，充满春天的气息

关联销售：将与本商品相关联的其他商品放在详情页中，可以提高关联商品的点击率

介绍商品：用简练的语言概括商品的优势与特点，有利于增强消费者对商品的信任度；将这些优势与特点放在相同的椭圆形中进行集中展示，使画面显得活泼，且具有可读性

图9-11　家纺行业优秀的商品详情页文案和视觉营销设计案例

商品颜色：介绍了商品有多种颜色可供选择，且使用带有场景的图片，有利于让消费者直观地感受商品在现实生活中使用的效果

介绍商品特点：条理清晰地介绍商品的特点。首先介绍商品的材质，并介绍了这种材质的特点，提高商品对消费者的吸引力，并在文案中使用不同的颜色来强调重点信息，如"新疆棉花"，让这些信息更加吸引消费者的关注

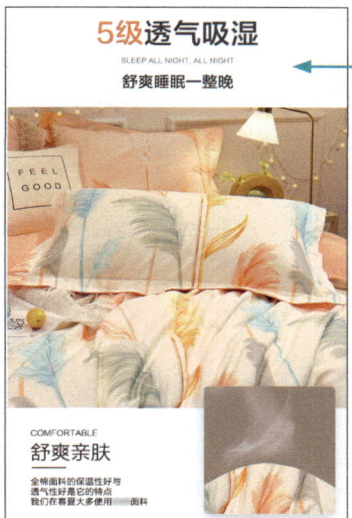

介绍商品特点：透气吸湿、舒爽亲肤概括了商品的使用感受，并在图片的左下角用放大镜的形式展示商品材质的透气性，增强了文案的说服力

图9-11 家纺行业优秀的商品详情页文案和视觉营销设计案例（续）

AB双面可用

COTTON FABRIC

一个产品 两种体验

B版：简约底纹遥相呼应

A版：多色芦苇印花

介绍商品特点:用"一个产品 两种体验"展示了商品的实用性,有利于增强商品对消费者的吸引力

细致印染工艺

SUPER SOFT EXPERIENCE

5级柔软体验

| 色牢 度高 | 不易 褪色 | 缩水 率低 | 抗起毛 起球 |

介绍商品特点：介绍商品的制作工艺,并在图片下方展示这种制作工艺的特点；采用文图文的形式,图片和文字相互协调,互不干扰

商品细节

PRODUCT DETAILS

点滴细节 把关每一步

商品细节描述：展示配套商品的细节,提高商品的吸引力

宽边枕套　信封式设计，针脚细密，走线流畅

图9-11　家纺行业优秀的商品详情页文案和视觉营销设计案例（续）

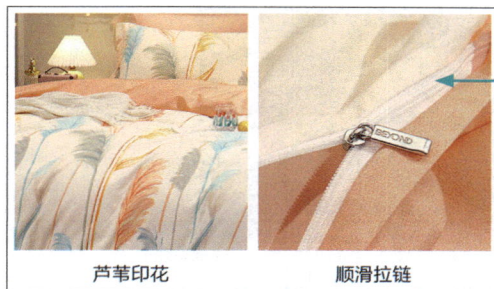

重点展示：通过重点展示商品的印花、拉链、被套的定位绑带，以及被套、枕套、床单的边角设计等细节，让消费者更加深刻地了解商品的特点

芦苇印花　　顺滑拉链

实力展示：可以增强消费者对商品的信赖程度，也可以展示企业的实力，提升企业的声誉及品牌影响力，展示的内容可以是商品的生产流程和售后服务

图9-11　家纺行业优秀的商品详情页文案和视觉营销设计案例（续）

对于家纺类商品来说，除了以上信息外，商家还可在商品详情页中展示商品的尺寸、不同尺寸商品适用的床的大小、不同组合包含的商品类型、商品洗护方法等。

9.3.3　广告活动文案与视觉营销设计

家纺行业的广告活动图非常简单，就是重点放置促销信息。下面来看两个电商家纺行业优秀的活动文案与视觉营销设计案例，如图9-12所示。

直观促销：用简短的文案来凸显商品健康舒适的特点，加入价格和"买就送纯棉枕套"的文案，更能吸引消费者点击购买；图片采用浅蓝色，添加云朵等元素作为装饰，营造了一种温馨的氛围

图9-12　家纺行业优秀的广告活动文案与视觉营销设计案例

直观促销：文案中"星陨"概括了此款商品的风格，在"星陨"的下方用"全棉""简约印花三件套"说明了此款商品的特点和构成，能让消费者快速地对商品有所认知；图片使用深蓝色背景，营造了晚上安心睡眠的氛围；采用左文右图的版式，页面布局大方、简洁；购买按钮使用了红色，使其在页面中更加突出，更易于吸引消费者的视线

图9-12　家纺行业优秀的广告活动文案与视觉营销设计案例（续）

课后习题

1. 请利用提供的素材文件为某童装店铺设计冬季上新首焦轮播图，效果如图 9-13 所示。

图9-13　童装店铺冬季上新首焦轮播图

2. 请根据本章内容列举其他行业的电商文案与视觉营销设计的优秀案例，并分析它们的优势。